VOS RÊVES PARLENT DE VOTRE SEXUALITÉ

Christian Congiu

Vos rêves parlent de votre sexualité

Le sens caché des rêves

De Vecchi

Remerciements

À la femme qui, grâce à son œil critique, m'a permis de ne pas tomber dans de coupables facilités théoriques.
À Fabrice Bourland pour l'aide originelle.
À Mathilde et à Léo.
À Boris Vian et à Apollinaire, à Maupassant et à Frédérick Tristan.
Au soleil, à la pluie, à la mer et au vent, sans lesquels le monde ne serait pas ce qu'il est.

Conception graphique de la couverture : Yes.
Photographie de la couverture : © Fendis/Zefa/Corbis.
Mise en page : Palimpseste.

« — Vous arrive-t-il de faire des rêves, monsieur Singleton ?
— Oui, très souvent.
— À la bonne heure ! Il y a, paraît-il, des individus qui ne rêvent jamais.
— C'est qu'ils ne s'en souviennent pas, car tout le monde rêve, la chose est imparable.
— Je ne parle pas de ces rêves. Je veux dire : vous arrive-t-il de faire de vrais rêves, de ceux dont l'odeur vous imprègne encore au moment du réveil, qui ne vous quittent pas de la journée et qui, quelquefois, se continuent plusieurs nuits durant ? De ces songes qui vous transforment, vous modèlent, vous font être meilleur ? [...] Quand il s'en présentera un, n'oubliez pas de le jeter sur le papier. Pour lui donner une chance d'influer sur votre vie de veille. »

Les Portes du sommeil, Fabrice Bourland
(10-18, coll. « Grands Détectives »).

Introduction

Dès le XVIIIe siècle, des philosophes allemands voyaient dans les rêves « une langue primitive et naturelle de l'âme ». Au XIXe siècle, le philosophe Nietzsche écrivit que « nous revivons en rêve ce qui a été pensé par une humanité antérieure ». Sous le premier Empire, le Code Napoléon interdit le « métier de deviner et pronostiquer, ou d'expliquer les songes » (article R. 34, 7). Il est à noter que cette interdiction fut levée en 1992 seulement. C'est avec Sigmund Freud (l'inventeur de la psychanalyse) que naît une véritable science de l'interprétation.

Pour celui-ci, le rêve est toujours la réalisation d'un désir, généralement sexuel, qui nous est interdit par la réalité, la société ou la loi. Ce désir va être refoulé, c'est-à-dire caché au fond de notre inconscient. Il ne va pouvoir apparaître que masqué. Ainsi, Sigmund Freud entreprit-il de reconnaître le pouvoir de l'inconscient dans notre vie. Cet inconscient va parvenir souvent à notre conscient à travers les rêves. Dès lors, leur interprétation ouvre la voie à la connaissance de soi. Avec la psychanalyse, « le rêve est la réalisation contrefaite d'un désir, c'est-à-dire sa réalisation symbolique » (Freud). Le rêve répondrait ainsi à des envies refoulées, à des conflits qui se produisent dans l'esprit.

Une autre personnalité est Carl Gustav Jung. Il a été l'ami puis le contradicteur de la psychanalyse de Freud. Nous le verrons dans le courant de ce livre, il va enrichir l'inconscient d'« archétypes » qui traduisent notre tendance à évoquer des mythes partagés par tous les hommes. En effet, l'inconscient, chez Jung, n'est pas uniquement personnel mais touche une dimension collective et porte une énergie qui vise au plein épanouissement de la personne.

> *Le rêve est une sorte de respiration psychologique. Il permet la libération des soucis, des hostilités, des hargnes, des espoirs, des revendications, des désirs. Il fait remonter*

en surface des difficultés intérieures ; souvent, il nous suggère des solutions…

On sait enfin que Lacan, dans sa recherche, a créé de nombreux « scandales » et a bouleversé constamment tout le monde de la psychanalyse. Nous verrons qu'il a prôné un « retour vers Freud », mais que ce retour était davantage un prolongement qu'un refuge.

Ces trois chercheurs ont marqué l'histoire et la psychanalyse est entrée dans nos habitudes de penser. Les rêves nous apparaissent comme des « clés ».

Cependant, nous devons rester vigilants dans notre posture vis-à-vis des rêves, qui sont au carrefour du physique, de l'âme et du spirituel. Certes, on peut rêver que l'éclaircissement de nos rêves ouvre un dialogue entre notre conscient et notre inconscient, mais il faut se souvenir constamment qu'aucune clé n'ouvre automatiquement tous les rêves de tout le monde. On peut aussi affirmer ici, avec force, qu'il n'en existe pas d'interprétation directe et définitive. Cela signifie que l'interprétation systématique et simpliste proposée dans les dictionnaires a de fortes chances de nous induire en erreur, si nous nous en contentons.

Des rêves érotiques ?

Le rêve se charge d'exprimer les sentiments que le rêveur se cache à lui-même. Dans *Le Rêve et son interprétation,* Freud affirme que le rêve doit toujours se comprendre comme la réalisation d'un désir. Cependant, la difficulté est souvent d'identifier ce désir, puisque notre conscient cherche à le dissimuler à nos propres yeux, à le refouler.

Le rêve marque – et cherche à combler – la marge qui existe entre la pensée consciente et le refoulement dans l'inconscient.

Le sommeil paradoxal s'accompagne d'une phase d'excitation qui se traduit par une érection chez l'homme et une tumescence du clitoris chez la femme. Cette ardeur nocturne n'est pas forcément liée à des rêves érotiques, elle est surtout physiologique. Lors d'un rêve, l'inconscient se débarrasse sans ménagement de la morale et de l'éducation. Dans le rêve, l'individu le plus pudique s'exhibera en public, le timide se révélera un don Juan, la femme prude se fera femme fatale... Les tabous, dans les rêves, n'ont plus cours. Au réveil, le rêveur sera dérouté, ou bien il aura en partie oublié le contenu de son rêve, ou, au moins, il l'aura sans doute épuré. Les rêves sont donc une sorte de soupape qui permettrait que s'échappe notre énergie libidinale, brimée par la société. Cette activité nocturne créerait une certaine stabilité, nécessaire à l'individu. Jung estime que le rêve joue un rôle d'équilibre compensatoire dans la vie de l'individu.

Le rêve n'a pas de limites pour créer des situations étranges, dérangeantes, dans lesquelles il nous plonge ; au contraire, le rêve effectue souvent un « décalage » qui est très désorientant, mais qui reste compréhensible.

La majeure partie des rêves s'élabore autour de thèmes qui révèlent nos espoirs et nos peurs, nos déceptions et nos aspirations, et s'enracinent souvent dans les souvenirs d'enfance. Ainsi, leur représentation est essentiellement symbolique et la plupart de ces symboles sont propres au rêveur.

C'est pourquoi, dans cet ouvrage, nous nous interrogerons d'abord sur ce que représente globalement la sexualité ; nous verrons ensuite les différents aspects du rêve. Après avoir cherché dans Freud, dans Jung, puis dans Lacan quelques idées et mots clés, nous ferons une halte sur des notions fondamentales telles que l'*Anima* et l'*Animus*.

L'autre versant du livre cherchera dans les symboles les plus généraux quelques explications parcellaires.

Mise en garde sur l'interprétation des rêves

« J'ajoute ici un mot de mise en garde contre l'analyse inintelligente ou incompétente des rêves. Il y a des gens si déséquilibrés mentalement qu'il est très dangereux d'interpréter leurs rêves. Dans un tel cas, une conscience très unilatérale se trouve coupée d'un inconscient irrationnel ou "dément" en proportion et l'on ne doit pas les mettre en contact sans précautions spéciales.

« Plus généralement, il est tout à fait stupide de croire qu'il existe des guides préfabriqués et systématiques pour interpréter les rêves, comme si l'on pouvait acheter tout simplement un ouvrage à consulter et y trouver la traduction d'un symbole donné. Aucun symbole apparaissant dans un rêve ne peut être abstrait de l'esprit individuel qui le rêve, et il n'y a pas d'interprétation déterminée et directe des rêves. La façon dont l'inconscient complète ou compense la conscience varie tellement d'un individu à l'autre qu'il est impossible d'établir dans quelle mesure on peut classifier les rêves et leurs symboles. [...] J'ai toujours dit à mes élèves : Apprenez le plus de choses possible sur le symbolisme. Puis oubliez tout ce que vous avez appris lorsque vous analysez un rêve. *Ce conseil est d'une telle importance pratique que je me suis imposé de toujours me dire que je ne comprenais pas suffisamment le rêve d'autrui pour pouvoir l'interpréter correctement ».*

C.G. Jung, L'Homme et ses symboles (Robert Laffont, 1964).

PREMIÈRE PARTIE

La sexualité

Bref historique

La reproduction sexuée est caractérisée par l'existence d'un organisme mâle et d'un organisme femelle, avec leurs caractéristiques propres. Les conséquences de cet état sexué se traduisent par des phénomènes spécifiques aux niveaux anatomique, physiologique, comportemental et psychique. Le mot « sexualité » fait référence à cette manifestation biologique fondamentale.

Étymologiquement, l'origine du mot est *sexus*, qui proviendrait du latin. Deux hypothèses sont cependant concurremment exprimées : il s'agirait soit de *secare*, qui signifiait « couper, diviser », soit de *sequi*, qu'on traduit par « accompagner ». Le terme grec *hexis* (« manière d'être ») pourrait avoir aussi participé à cette famille de mots. En tout état de cause, cette alternative latine indique l'idée de « séparation des sexes », qui est la principale caractéristique de la reproduction sexuée.

On a remarqué aussi, dans les sociétés non occidentales, suivant les cultures et les époques, des variations du sens et des significations données à cette « sexualité ». Dans certaines sociétés, caresser un sein ou embrasser avec la langue n'est pas vécu comme « sexuel ».

Voyons un peu l'histoire du mot :

- XIIe siècle : apparition du mot *sexe*.
- XVIe siècle : généralisation du mot *sexe*, qui désigne les femmes (on dit à l'époque : « le beau sexe », « les personnes du sexe »).
- XVIIIe siècle : apparition du mot « sexuel ».
- XIXe siècle : apparition des mots « sexualité » (« caractère de ce qui est sexué », et « ensemble des caractères propres à chaque sexe ») ; « sexualisme » (« manière d'être de ce qui est sexuel »).
- XXe siècle : le mot « sexualité » prend son sens moderne : « ensemble des diverses modalités de la satisfaction sexuelle ».

La signification va évoluer. S'il désignait au début plutôt l'« état sexué », puis le « comportement sexuel », il en est arrivé à désigner le « plaisir sexuel » et tout ce qui est directement lié à ce plaisir.

Avec le développement de la psychanalyse, laquelle affirmait que tout plaisir est sexuel, le terme de « sexualité » a fini par désigner presque tout l'ensemble des comportements et des états affectifs de l'être humain.

Définitions et enjeux

Aujourd'hui, dans les dictionnaires, la définition du mot « sexualité » est encore un peu différente.

• *Littré* : « Ensemble des phénomènes sexuels que l'on peut observer dans le monde vivant. Ensemble des modalités sexuelles de chaque individu. »

• *Robert :* « Caractère de ce qui est sexué, ensemble des caractères propres à chaque sexe. Ensemble des comportements relatifs à l'instinct sexuel et à sa satisfaction. »

• *Larousse :* « Ensemble des phénomènes sexuels ou liés au sexe, observables chez les êtres vivants. Ensemble des diverses modalités de la satisfaction instinctuelle liée à la reproduction de l'espèce. »

La majorité des gens est plus vague en ce qui concerne ce terme qui va recouvrir d'une manière distendue tout ce qui a rapport avec les organes génitaux, voire avec les zones érogènes et, en tout cas, ce qui touche au plaisir concernant ces régions corporelles.

On le voit, le sens a évolué. Cependant, le phénomène biologique de la reproduction sexuée est toujours le même et ne changera pas avec le temps, en principe. Le mot « sexualité » reflète les effets suivants de l'état sexué :

• Le premier est *anatomique et physiologique*. Il est commun à tous les animaux sexués ; c'est, en général, l'existence, dans chaque espèce, d'un organisme mâle et d'un organisme femelle qui possèdent des cellules, des organes, des appareils et des processus physiologiques complémentaires (hormones sexuelles, cellules germinales, appareil reproducteur, ovaire, pénis, utérus), qui sont spécifiquement destinés à permettre la reproduction.

– Le deuxième sera *comportemental*, et résidera dans l'existence absolument nécessaire d'un comportement (qu'on nommera bien sûr « sexuel ») qui amènera le rapprochement des organismes complémentaires (mâles et femelles) afin de réaliser la fécondation.

Chez la plupart des animaux, le comportement sexuel est un comportement exclusivement de reproduction, même si le moyen est la copulation. Chez les primates hominoïdes, en raison du développement important du cortex cérébral, le comportement sexuel devient érotique ; le but va plutôt être la stimulation du corps et des organes génitaux.

– Le troisième sera *émotionnel*. Il n'existe que chez les animaux les plus développés (oiseaux et mammifères) en raison de l'apparition du système limbique. Il va créer l'existence d'émotions spécifiques à la sexualité, telles que l'attachement au partenaire et le plaisir érotique. Cela est visible chez le chimpanzé, chez l'homme, et même peut-être chez le dauphin.

– Le quatrième, qui n'existe que chez l'homme, est la capacité qui *a trait à la connaissance* et va permettre d'élaborer tout un ensemble de représentations, de symboles, de croyances et de valeurs spécifiques à la sexualité. Il s'agit du résultat du développement extrême du néocortex.

En conclusion, le mot « sexualité » montre l'existence biologique d'organismes sexués, qui ont un sexe mâle ou femelle, et qui ont chacun des caractéristiques spécialisées et complémentaires spécifiquement destinées à permettre la reproduction :

– le comportement sexuel : chez la plupart des animaux, un comportement de reproduction et, chez les primates hominoïdes, un comportement érotique (stimulation du corps et des organes génitaux) ;

– les aspects affectifs et émotionnels (attachement, désirs et plaisirs érotiques, passions...) en relation avec le comportement sexuel ;

– les aspects cognitifs et culturels (mœurs, représentations, croyances, valeurs, symboles, amour...) qui sont en relation avec les trois phénomènes précédents.

Dans cet ouvrage, on s'intéressera moins à la définition biologique qu'au ressenti autour de la sexualité et du rêve. Comment cette sexualité se colore-t-elle dans les comportements, les aspects psychiques et les phénomènes culturels ?

Un langage corporel

On peut bien sûr réduire la sexualité à des actes obligatoires, à des gestes qu'il faut faire dans les rapports amoureux ou de couple pour telle et telle raison mentale. Certains ne s'en privent pas. Mais alors, si elle est vécue comme un devoir, comme une obligation, ou bien si elle consiste en exploits et performances, la sexualité devient bestiale. Elle devient dévorante et non apaisante, forcément frustrante, et même, d'une certaine façon, castratrice puisqu'elle va pousser à ne pas vivre pour soi mais pour faire plaisir à l'autre d'une manière extérieure à soi ; ou pour fasciner, satisfaire l'autre sans qu'il y ait d'échange.

Vivre sa sexualité de cette manière, c'est renoncer à soi, se soumettre « à l'autre », se réduire à une chose, à un objet, simplement utile ou performant pour l'autre.

Cette manière de dire que l'on n'existe que pour l'autre (et non pas pour soi), de se reconnaître absent en face de l'autre, c'est se renier totalement.

Dans un couple, trop souvent, un individu accepte les rapports sexuels parce qu'il est persuadé (par son éducation, par notre culture) que l'on doit répondre au désir sexuel de sa compagne ou de son compagnon. En réalité, si l'on recherche uniquement le plaisir de l'autre, on ne sera pas présent à son plaisir.

Agir exclusivement pour le plaisir de l'autre, c'est se tromper, car nul ne peut rien faire à la place de l'autre. En couple, chacun des deux partenaires ne peut vivre les expériences, aussi profondes soient-elles, en se diluant dans l'autre, en se croyant à la place de l'autre. Il faut que chacun trouve sa place, soit à sa place, présent à lui-même et à ce qu'il vit dans son corps.

Dans la sexualité vont se nouer la défiance et la provocation ou, au contraire, la confiance et l'acceptation. Dans la sexualité, l'individu va chercher et connaître l'aventure, la découverte de lui-même, l'apprentissage de son corps et de ses sentiments. Il peut aussi s'y perdre.

La sexualité est le lieu d'un langage qui met en jeu à la fois le corps, les sens, le mental. Elle est extrêmement liée aussi à ce que l'on a appris, ce que l'on nous a enseigné. Ainsi, ce qui touche l'intime, ce qui est le plus profond dans l'individu a aussi un rapport extrême et extrêmement douloureux parfois à la société, à la famille, au *père* et à la *mère.*

La sexualité va donc être le lieu où va se jouer l'individu et où vont se révéler les représentations, les croyances et les valeurs. Ainsi, une symbolique va apparaître et former comme un langage.

Pour la femme, l'acte sexuel correspond, traditionnellement et physiquement, à être pénétrée. Cette pénétration, dans un sens, l'investit et doit lui permettre d'être fécondée : le germe du mâle peut être semé, s'implanter en elle. L'expression sexuelle devient l'acte de recevoir, dans une acceptation, voire dans un désir et un abandon du « je ». Symboliquement, la femme devient une matrice, elle permet au germe de se transformer en elle, dans le secret de sa chair qui est perçue comme une terre fécondante. Le germe deviendra un embryon qui verra le jour. Symboliquement donc, c'est, pour la femme, la possibilité de faire naître l'autre mais aussi de naître à elle-même, de s'accomplir en tant que femme mère... Attention, il ne s'agit pas ici de réduire la femme à cette symbolique, car la sexualité féminine a beaucoup d'autres traits... et d'autres attraits.

L'homme, lui, physiquement, engendre et s'exprime dans la pénétration. La pénétration va lui permettre d'être multiplié avec cet abandon d'une partie de soi, sa semence implantée en une terre féconde, le ventre de sa compagne. L'expression de sa sexualité devient un acte de multiplication et, pour lui aussi, l'acceptation d'un abandon du « je ». Symboliquement, il peut assumer son existence, se responsabiliser grâce à ce partage de soi. Il construit son univers, tant physique que psychologique et spirituel.

Se rendre heureux

Ce langage primordial et, semble-t-il, intégré à l'humain nous montre que prétendre se protéger du désir charnel est un contresens. Par notre nature physique, nous sommes issus de l'union des sexes. Ces sexes appartenaient aux corps de nos parents. Nous sommes le résultat d'une transformation physique intérieure avant de sortir du ventre de la mère. Puis est venue une croissance sans laquelle nous ne serions pas devenus adultes et adultes jusqu'à cette mort qui doit être l'abandon de tout ce qui nous relie, nous attache ou nous affecte. La mort que nous craignons et que nous voulons fuir. La mort qui nous limite sans que nous cherchions réellement à savoir ce qu'elle veut dire. La sexualité a donc toujours rapport avec un désir de vie, une peur de la mort, une fuite… Parfois même, pourquoi pas, une recherche, ne fût-ce que dans les mots. Qu'on se rappelle l'expression « petite mort » pour désigner l'orgasme.

Pour vivre, il faut manger, boire, respirer ; tout cela se fait *dans* et *avec* le corps. Le désir aussi, et c'est pourquoi il serait naïf et stupide de dénigrer le désir sexuel, de refuser ses aspirations physiques parce qu'elles sont aussi psychologiques dans notre dualité. La sexualité est aussi et avant tout la recherche du plaisir. Plus le partage sera intense et vrai, plus le plaisir sera grand.

L'être humain doit se rendre heureux, et cette profonde et vitale exigence impose de se respecter. Pour cela, il faut que nous veillions à satisfaire nos besoins, car ils sont profonds et essentiels. Ce n'est donc pas le désir charnel en tant que tel qui est à rejeter ou dont il faudrait se méfier. Non, ce qu'il faut abolir, c'est la volonté dominatrice, l'idée – consciente ou inconsciente – de prendre le pouvoir sur l'autre.

Il faut que satisfaire son besoin charnel corresponde à l'acceptation de l'autre, en s'acceptant soi-même, c'est-à-dire en étant présent à ce que l'on vit dans son mental, bien comprendre ce que l'on ressent avec son esprit en même temps que ce que son corps sent. Il s'agit de savoir s'apprécier.

L'homme recherche toujours l'union, une union profonde, une appartenance, une fusion. Savoir s'harmoniser avec soi-même permet de s'harmoniser avec l'autre. Alors les limites données aux corps et aux cœurs disparaissent pour laisser l'espace à l'intemporel. C'est là que nous rejoignons l'éternel.

Ainsi donc, la sexualité est, pour le corps comme pour l'esprit, une parole. Comme parole, elle est créatrice et un moyen d'être soi. L'essentiel serait donc de ne pas se mentir et de ne pas mentir à l'autre. Seulement voilà, il y a la réalité sociale, les institutions, l'éducation… Le sexe est un instrument de pouvoir autant que de plaisir. Le sexe est une arme, un enjeu. La sexualité dévore l'esprit, occupe une place déterminante dans la vie de l'homme. Le sexe est trahi, est trahison. Le sexe et la sexualité deviennent des paramètres mal contrôlés, déformés des rapports humains.

L'homme et la femme n'apprennent pas à être réellement eux-mêmes… Alors, ils travestissent. Comme tout langage, la sexualité emploie des métaphores, des images, des symboles pour se dire au-delà de ce qui peut se dire. Cela est sensible en art, dans la peinture comme dans le cinéma, dans la littérature comme dans la chanson.

Il existe aussi le domaine qui nous hante, l'au-delà de la convention sociale, notre intimité intérieure, notre inconscient qui se manifeste souvent à travers le rêve.

Le rêve qui nous révèle, qui nous dit ce que l'on est, où on en est. Encore faut-il le comprendre.

À quoi servent les rêves érotiques ?

Le saviez-vous ? Les rêves, chez les animaux, servent à s'entraîner aux comportements nécessaires à la survie de l'espèce. On le sait aujourd'hui, beaucoup d'animaux rêvent qu'ils chassent.

Quoi de plus indispensable à la survie de l'espèce humaine que faire l'amour ? Nous sommes les seuls mammifères dont les parents ne montrent pas eux-mêmes la technique. Il faut trouver seul la recette, il faut trouver un moyen de s'entraîner, d'apprendre, d'anticiper, d'imaginer comment cela peut se passer. Les rêves érotiques sont aussi une manière de stimuler et de maintenir le désir à un bon niveau dans la vie de tous les jours et, parfois, de ne pas oublier la recette quand on se retrouve seul.

Les rêves

Jusqu'à l'orgasme

Aussi loin que remontent l'histoire et la mémoire, les hommes se sont intéressés à leurs rêves. En Égypte, dans le monde babylonien et assyrien, on tenait compte des messages que les rêves étaient supposés envoyer aux humains et on organisait sa vie en fonction de ce qu'ils révélaient. Pour les hindous, le sommeil est un aspect aussi important de la vie que l'état de veille.

Le rêve occupe une place privilégiée dans notre vie : chaque nuit, l'être humain passe environ une heure et demie à rêver. Le sommeil se décompose en cycles de 90 minutes qui comportent chacun une phase de sommeil dit *lent* et une phase de sommeil appelé *paradoxal*.

C'est durant cette période de sommeil paradoxal, d'une vingtaine de minutes, qu'apparaît la majorité des rêves. Ainsi, nous rêvons en moyenne cinq à six fois par nuit.

Ce terme de « paradoxal » a été donné parce que, durant ces phases de sommeil, les ondes cérébrales sont très proches de celles de l'état de veille attentive. On remarque une activité cérébrale, une respiration irrégulière, des mouvements oculaires et une activité des organes génitaux.

Pendant les rêves, chaque garçon entre en érection, par phénomène réflexe, pas spécialement lié à la teneur érotique du rêve. Chez la fille, de même, le vagin se lubrifie.

Il ne s'agit pas d'une excitation mentale, mais physique. Cependant, de temps en temps, le cerveau, déconnecté du corps pendant le rêve, reçoit un message venu du sexe. Il peut en inventer un rêve – agréable – qui s'accordera avec cette excitation physique. Cela peut même aller jusqu'à un orgasme.

> ***Est-on pervers si on rêve de sexe ?***
>
> *Non, évidemment. Les rêves ne se contrôlent pas. Nul ne peut en faire ce qu'il veut.*

En fait, les rêves sont des phénomènes essentiels à notre psychisme et à son bien-être. Freud les a nommés les « gardiens du sommeil ». Les rêves jouent le rôle de soupape de sécurité pour nos pulsions et nos frustrations : ils nous empêchent d'exploser. Ils sont fabriqués avec tout ce qui s'est accumulé dans notre mémoire. C'est d'ailleurs pour cela que, pour comprendre un rêve, il faut bien connaître la vie du rêveur et qu'il n'existe pas de symbole tout à fait irréductible ni de recette prémâchée. Cependant, comprendre ses rêves peut aider à mieux comprendre certains conflits, certains traumatismes. Mais il faut agir comme dans un jeu à énigme, ramasser plusieurs indices apparemment futiles, voire inutiles, pour comprendre. Il faut surtout noter le maximum de ses rêves – avec les sensations liées – dès qu'on se réveille. D'ailleurs, pour se souvenir d'un rêve, il vaut mieux se réveiller durant ces phases de sommeil paradoxal et non durant le sommeil profond. En effet, des études ont montré qu'en se réveillant durant ces phases, on a 80 % de chances de se souvenir de ses rêves ! On peut aussi, dans la période qui précède l'endormissement, penser que l'on désire se souvenir de ses rêves.

Le mieux est de garder de quoi écrire sur sa table de nuit. Plus le rêveur s'exercera à écrire ses rêves, plus ses rêves lui deviendront précis.

Dès l'origine des temps, autant bien sûr que nous puissions le savoir, les hommes ont cherché à connaître la signification de leurs rêves, de cette espèce de monde qui est en nous mais qui nous fuit, qui nous hante et nous rattrape. Qui nous fascine parce qu'il est étrange mais si vrai.

> ### *Pas de morale*
>
> *Pour qu'un rêve soit significatif, il faut qu'il soit ressenti comme important par le rêveur. Tout rêve n'est pas de même niveau. Il n'y a pas de morale dans un rêve, puisqu'il va forcer des barrages formés par l'éducation.*

FREUD ARRIVE

Par exemple, l'ésotérisme et la parapsychologie prétendent expliquer comment bien interpréter ses rêves. Peut-on décoder les symboles les plus simples en fonction d'une grille d'analyse prédéfinie ? La réponse intéresse avant tout la science des mythes. On peut aussi mener une réflexion sur la théorie scientifique des rêves.

Depuis que les ethnologues ont cessé de considérer les peuples primitifs comme des sauvages, ils ont accordé de l'intérêt à leurs croyances.

Pour les *chamans*, il existe une interprétation des rêves à usage religieux ou politique. Selon eux, la vie est fondée sur le sens symbolique ; on n'est pas seulement dans une pensée cartésienne mais on agit avec les symboles, les symboles sont intégrés dans leur vie et en relation première avec la nature. Tisser des relations entre l'univers et les hommes, rejoindre les origines du monde, maîtriser les entités spirituelles, voilà quelques-uns des rôles attribués aux rêves/visions.

Si l'on remonte plus loin, on peut se souvenir de l'usage qu'il était fait des rêves :

– en Égypte, dans la mythologie, interprétation des rêves sur des fondements divinatoires ;

– la Bible, pour ses récits mythiques : l'histoire de Joseph, par exemple, qui devient le conseiller onirique de Pharaon ;

– le rôle des oracles de la Grèce ancienne : récits héroïques contés par Homère (l'*Iliade* et l'*Odyssée*).

Ainsi avons-nous des rêves censés contenir des signes prédictifs qui permettent d'anticiper les événements. Ces signes peuvent être simples et directs, mais le plus souvent ils sont métaphoriques, allégoriques ; ils proposent des « solutions » à l'humain : les dieux seront-ils avec nous ? Les vents seront-ils favorables ? La pêche (ou la chasse) sera-t-elle bonne ?

Le rêve serait un point de passage entre les humains et le monde des dieux et des âmes, entre le visible et l'invisible. Il faut bien se souvenir que, dans les sociétés traditionnelles et antiques, l'invisible est plus important que le visible, car il renferme la substance des choses observables, leur principe agissant et leurs causes véritables et premières.

Existe-t-il des rêves prémonitoires ?

Pour les chercheurs européens, le rêve ne prévoit rien. Il est communément admis qu'il se contente d'énoncer le désir du sujet en fonction de ce qu'il a rencontré chez l'autre, ou alors qu'il cherche à réaliser, par anticipation, par désir impatient, par crainte aussi, un événement.

Dès que ce désir s'installe dans la vie du rêveur, il peut finir par se réaliser ; alors, le rêve apparaîtra prémonitoire. Croire aux rêves prémonitoires revient à vouloir croire que le destin, son destin, a déjà été écrit. Souvent pour le pire, parfois pour le meilleur, cette croyance permet de soulager l'individu de la responsabilité d'écrire lui-même sa propre histoire.

Ensuite, le romantisme européen aussi, par défiance contre le rationalisme du XVIIIe siècle, valorise le rôle de l'irrationnel. La poésie s'oppose à la science, la méditation introspective au raisonnement objectif. Prédominent alors l'idée de la nature comme création divine, et celle que l'âme et la destinée de l'être s'expriment à travers les rêves, souvent prophétiques. Ces rêves, qui procèdent par associations d'idées, révèlent le côté obscur de notre être, la face cachée de notre conscience.

Enfin, dans *L'Interprétation des rêves* (1899), Freud lui-même hérite de cette philosophie romantique lorsqu'il reprend les thèmes suivants – même s'il se réclame résolument de la science et qu'il fonde un système très rationalisé :

– poids de l'inconscient opposé à la superficialité de la conscience ;

– le rêve, expression des forces cachées de l'être ;

– le langage spécifique du rêve, code fondé sur l'association d'idées.

Ainsi, il reconduit le postulat dualiste qui caractérise les conceptions du rêve avec l'opposition entre deux dimensions : la conscience (visible et non déterminante) et l'inconscient (invisible et déterminant). Le rôle du rêve est, là aussi, le point de passage entre ce monde visible et invisible. Freud déplace le dualisme. Autant, dans le système traditionnel, le dualisme opposait l'individu à des forces invisibles extérieures à lui, autant Freud place ce dualisme à l'intérieur même de l'individu.

Par la psychologie, il a, semble-t-il, été permis de lever une partie du mystère, puisque, alors, on a relié les songes à l'idée d'inconscient. Que signifient nos rêves et nos cauchemars ? À quoi peuvent-ils bien servir ?

Les « grands rêves »

Ils font surgir des symboles qui naissent de sensations appartenant à l'humanité entière. Ce sont des rêves qui touchent à la mort, à la vie, à l'amour immense, aux grands idéaux de l'enfance, à la notion de bonheur et de malheur.

Dans les temps préscientifiques, pas d'embarras pour expliquer les rêves lorsque l'homme s'en souvenait au réveil : il les tenait pour une information soit bienveillante, soit hostile des puissances supérieures (dieux, démons).

Avec l'éclosion de la pensée scientifique, toute cette mythologie riche de sens multiples s'est transposée en psychologie ; par la même occasion, il fallait aussi trouver la signification psychique et, si le rêve devenait interprétable, il fallait lui donner sens. Pour Freud, le rêve est fondé sur deux contenus :

– le contenu manifeste, c'est-à-dire le *conscient* ;

– le contenu latent, c'est-à-dire l'*inconscient.*

Mais quel est le processus psychique qui fait passer le contenu *latent* vers le contenu *manifeste,* c'est-à-dire ce qui m'est connu par les souvenirs ? C'est à cela que s'est attaché Freud dans sa recherche.

Selon lui, les rêves se divisent en trois catégories :

– les rêves sensés, parfaitement compréhensibles : par exemple, les rêves d'enfants, qui sont des rêves d'accomplissement de désirs simples et sans voiles, issus de désirs éprouvés dans la journée ;

– les rêves dits cohérents et de sens clair mais qui produisent un effet déconcertant ;

– les rêves auxquels manquent le sens et l'intelligibilité : ils sont confus, incohérents, absurdes.

Pour l'adulte, l'opposition entre le contenu manifeste et le contenu latent n'a de signification que pour les rêves des deuxième et troisième catégories. Les rêves ne ressemblent pas à la réalisation d'un désir. Ils ont subi une défiguration, un déguisement. Ce que l'individu retient du rêve est le substitut altéré des idées oniriques, c'est la manifestation du « moi » qui se défend, qui a refoulé un certain nombre de désirs, d'envies, de besoins, etc.

Interpréter les rêves

Le travail du rêve prend en compte trois éléments importants :

– la condensation du rêve, avec ses formes composites et des visages qui se transforment tout au long du rêve, personnages connus mais mêlés, etc. ;

– le déplacement du rêve, c'est-à-dire la superposition, le glissement de situations qui n'ont apparemment pas de rapport entre elles ;

– l'arrangement visuel, c'est-à-dire l'habillage de couleurs, de formes, etc.

Cependant, le rêve ne s'occupe jamais de choses qui ne sont pas également dignes d'intérêt dans la vie diurne ; les bagatelles qui ne nous affectent pas dans la vie de tous les jours ne nous poursuivent pas non plus dans notre sommeil.

> ### *Problème dans le couple ?*
>
> *Tout rêve érotique est l'image d'un « problème » dans le couple, parce que le couple humain, par définition, « fait » problème, dans la mesure où il y a rapport d'un sexe avec l'autre. Le rêve et le rapport sexuel sont intimement liés, non pas seulement au sens de la relation sexuelle mais de tout ce qui se joue, que l'on voit dans l'*Anima/Animus*, par exemple.*

Qu'il s'en souvienne ou pas, l'être humain rêve chaque nuit et chacun de ses rêves lui dit quelque chose – mais quoi ? La signification de ces films nocturnes est encore obscure, même s'il existe des pistes qui permettent d'ouvrir des brèches dans l'inconnu, dans l'inconscient.

Chacun se doit d'être vigilant dans son attitude vis-à-vis des rêves. Si l'on peut se permettre, actuellement, de penser que le rêve se place au carrefour du physique, de l'âme et du spirituel, il n'est pas de « clé » qui ouvre tous les rêves de tout le monde d'une manière absolue. Il n'existe aucune interprétation qui puisse se targuer d'être directe ou définitive.

On peut interpréter les rêves de deux manières différentes au moins.

La première est de laisser libre cours à l'imagination de la personne qui a rêvé. La seconde est de proposer une signification grâce à ce que l'on peut appeler un dictionnaire des rêves.

La première façon nécessite du temps et de la patience de la part du rêveur ou de la rêveuse, beaucoup de temps et de patience aussi de la part de la personne qui accompagne cette analyse des rêves.

Symbole

Il s'agit d'une représentation qui sera chargée d'émotion ; en effet, un « symbole » sans émotion personnelle n'est qu'un signe *ou une* allégorie. *On le voit bien, chaque symbole doit être absolument interprété personnellement. Il sera difficile de considérer un symbole comme* universel. *Mais ce n'est pas impossible : tout symbole peut aussi atteindre une dimension commune ; il faut que chacun ressente la même idée à l'évocation de cette sensation.*
On peut remarquer des symboles d'actes sexuels, tels que glisser sur une rampe d'escalier, marteler en rythme (avec un marteau, taper sur un clou ou bien battre tambour), ou bien être dans un train qui pénètre dans un tunnel. Faire du vélo, enfourcher une moto, monter à cheval font partie aussi de ces activités nocturnes qui indiquent l'acte sexuel.
Enfin, il faut noter que le même symbole peut avoir un aspect tout aussi bien positif que négatif, selon le rêveur et selon le moment du rêve.

Il y a un grand intérêt à discuter des rêves, de la façon dont le rêve a été fait. Il est intéressant de se poser la question de savoir si le rêveur ou la rêveuse a rêvé de sexe, d'utérus, de pénis ou de phallus. Ou bien de grotte, de gare, d'escalier, de maison ou de tour.

Les rêves qui nous parlent de notre sexualité sont souvent masqués et n'utilisent pas de geste ni de positions forcément et explicitement érotiques ; au contraire, il y aura plutôt des images anodines. Les rêves qui évoquent le sexe ont l'air bien souvent innocents ; ils apparaissent comme des petits rêves, que l'on va s'empresser de qualifier de stupides, sans se rendre compte que, justement, ils utilisent des symboles pour illustrer un fonctionnement sexuel.

Ainsi, les véritables rêves de sexualité se dissimulent derrière des images de bouteilles, d'armes, de grottes, d'aigles, de tours, de parapluies, d'instruments de musique, de voix… Et c'est justement ce qu'il faut apprendre à décrypter.

En faisant prendre conscience d'un ressenti que l'on préférerait souvent ignorer, cette métamorphose de la réalité dévoile les angoisses ou les contradictions. Dans les rêves s'expriment des émotions refoulées dans l'inconscient logique, intuition, action et imagination. Le rêve peut également être une sorte de répétition générale : vous vous préparez, de façon imaginaire, à vivre un épisode réel de votre vie amoureuse.

Les rêves et les fantasmes

Les rêves et les fantasmes se ressemblent et sont souvent associés à la sexualité.

Freud a souligné que les fantasmes d'adolescent sont des rêveries érotiques et ambitieuses faisant partie du registre de la sexualité et du narcissisme.

Pour lui, les rêves diurnes sont les mêmes que les rêves nocturnes, mais il note que les fantasmes se situent dans un monde virtuel, généralement projeté dans l'avenir. Ces fantasmes organisent progressivement le développement dans la vie psychique. Il y en a trois.

– La séduction : l'enfant s'aperçoit qu'il n'est pas le seul « bénéficiaire » ou « propriétaire » de sa mère. Il va ressentir d'abord un fantasme d'abandon, lequel va se transformer en fantasme de séduction, pour rivaliser avec le père (ce que Freud a appelé le complexe d'Œdipe).

– La scène primitive ou scène originaire. L'enfant se voit assister à des rapports sexuels entre ses parents, soit qu'il les ait observés réellement, soit qu'il se les soit représentés sur un mode fantasmatique, et les interpréterait comme agression de la mère par le père.

– La castration : fantasme selon lequel tout individu est primitivement pourvu d'un pénis. La petite fille apparaîtrait comme ayant été castrée. La femme vivrait donc, inconsciemment, dans l'angoisse d'avoir été castrée ; l'homme existerait dans l'angoisse du risque d'être castré. Pour la psychanalyse, tout le comportement féminin serait motivé par le désir inconscient de récupérer le pénis perdu ; celui de l'homme par le désir inconscient de préserver son membre viril. Freud voit l'origine de ce fantasme dans le fait que c'est en constatant la différence anatomique des sexes entre eux que le petit garçon et la petite fille s'interrogent sur l'origine de cette différence, puis élaborent le fantasme de castration et l'angoisse qui en découle.

Le fantasme a plusieurs fonctions :
1) La substitution : il s'agit d'une satisfaction fantasmatique du désir. Par exemple, un enfant dont la mère est absente va imaginer son retour.
2) Il prépare à une action : la jeune fille qui rêve de séduire un jeune homme élabore un scénario qu'elle va tâcher de mettre en œuvre.
Mais aussi, il peut aller à l'encontre de l'action au lieu de la favoriser. La phobie, par exemple : tel individu va refuser le contact physique parce que, chez lui, cela évoque des représentations insupportables.
La présence du fantasme est constante et va s'activer avec davantage d'acuité lors de situations de crise de l'individu ou lorsqu'il sera question de changements dans sa vie. Les périodes de mutation vont activer alors des rappels de la vie antérieure, avec ses douleurs anciennes mal ou pas du tout gérées.

Enquête Sofres

Les fantasmes nous tiennent jour et nuit, alors que les rêves interviennent plutôt dans le sommeil.
En juillet 2000, la Sofres a effectué pour le magazine Marie Claire *une enquête sur les fantasmes masculins les plus répandus :*
– faire l'amour dans la nature (53 % des hommes) ;
– être initié au sexe par une femme experte et sans tabou (37 % des hommes).
– faire l'amour à trois : deux femmes et un homme (34 % des hommes).
– l'échangisme, l'exhibitionnisme, le voyeurisme, la soumission n'appartiennent qu'à une minorité d'hommes.

Pour les femmes, la Sofres leur a demandé de classer des fantasmes mais, bizarrement, sans se soucier de savoir si ces fantasmes faisaient ou non partie des leurs.
– Pour 32 % d'entre elles, le fantasme le plus érotique consiste à regarder un couple faire l'amour ;
– pour 14 %, c'est le fait de regarder deux femmes faire l'amour ;
– le fantasme de faire l'amour à plusieurs arrive en troisième position (11 % des interviewées).

Alors, peut-on réellement réussir à interpréter les rêves ? Sont-ils des mirages trompeurs ou bien un reflet, transformé mais fidèle, de notre état psychologique, de notre situation sociale ? Et, liés à notre sexualité, à quoi servent les rêves érotiques ?

Tout d'abord, il faut savoir que les rêves érotiques doivent être bien distingués des rêves sexuels. En effet, un rêve dont les images sont sexuelles, clairement sexuelles, même s'il est troublant, n'est pas un rêve qui *parle* de sexualité. Les rêves érotiques en disent long sur chacun des individus et sur la sexualité. Ils régulent sans doute les désirs, peuvent libérer des peurs et soulager du stress. Un véritable rêve sexuel va user de symboles, lesquels peuvent souvent apparaître comme universels.

Deux sortes de rêves érotiques

On peut connaître deux sortes de rêves « érotiques ».
Lorsqu'il s'agit d'un rêve où il y a pénétration, il s'agit d'un manque où la libido n'est pas épanouie. Le rêveur ou la rêveuse éprouve le besoin de rapports plus satisfaisants ou plus nombreux. Ce genre de rêves est un phénomène de compensation.
Le plus souvent, il va plutôt s'agir de rêves érotiques doux : il y aura une rencontre suivie d'enlacements, voire de baisers... Ces rêves traduisent un certain bien-être, que ce soit avec les autres ou avec soi-même. Il ne faut pas oublier que, souvent, la personne avec qui l'on se trouve dans le rêve représente en fait une partie de nous-mêmes.

Cependant, il n'est pas simple de décrypter ses rêves, car chaque élément du rêve doit être dissocié du reste pour prendre un sens autonome. En psychanalyse, les rêves sont précieux. En effet, ils donnent, par leur tonalité, un nouveau point de vue, un éclairage différent sur la réalité.

Les rêves permettent de comprendre certaines incohérences de la vie réelle et éventuellement d'y remédier. Le rêve, en proposant la vision du réel qui a été refoulée dans l'inconscient, incite à exercer vigilance et réflexion sur notre existence consciente. Ainsi, l'interprétation des rêves dépend énormément du vécu de chacun. Mais on sait à présent que certains symboles oniriques forts reviennent avec régularité. On peut repérer des rêves d'eau ou de baignade, qui vont être associés à la naissance et à l'accouchement ; des rêves de voyage ; des rêves d'activités rythmiques (jouer du piano, exécuter une danse, pratiquer l'équitation, grimper à une échelle), rêves qui évoquent les rapports sexuels. Les rêves où l'on vole vont marquer soit une fuite des conflits, soit un désir d'amour libre, alors que ceux de chute signifieront probablement que l'on a succombé à une tentation érotique.

Dans les rêves, on trouve aussi des archétypes comme des rois, des reines, des professeurs… autant d'images qui vont rappeler les parents.

Les appareils génitaux vont aussi intervenir sous des formes symboliques : pour le féminin, il va être représenté par des chambres, des coffrets (surtout des coffrets à bijoux), des cavernes, des vases ou même des portes ; le sexe masculin prendra l'apparence d'une canne, d'un parapluie, d'un chapeau, d'un arbre, d'un reptile, d'un crayon…

L'érection du sexe masculin, parce qu'il s'agit d'un vrai défi à la pesanteur, est symbolisé par des rêves de légèreté, de vol, qui vont souvent être très agréables. La pénétration est représentée par des couteaux, des poignards, des armes pointues, ou bien encore par des armes à feu. Dans leurs cauchemars, les jeunes filles sont souvent poursuivies par un homme armé ou par une bande de brigands ou de pirates. On peut voir aussi la masturbation dans des rêves avec des sensations de glisse ou de descente brusque.

Il faut pourtant être très méfiant, car ces associations archétypales ne sont pas une règle absolue et ne peuvent en aucun cas remplacer une véritable démarche d'analyse. Les rêves possèdent et garderont toujours beaucoup de leur mystère.

Symboles sexuels masculins

L'appareil génital masculin emprunte évidemment sa transcription symbolique dans ce qui lui ressemble : bâtons, cannes, hampes, lances, mais aussi tours, par exemple… Ou bien dans des objets dont la fonction est de pénétrer, voire de blesser, comme les armes à feu. On trouve tout aussi naturellement des objets d'où jaillit ou coule un liquide (des robinets, des fontaines), ou qui s'allongent mécaniquement (lampes torches). C'est-à-dire lorsqu'il y a projection. Enfin, on peut citer les reptiles, notamment le serpent (qui remonte à la Bible), mais aussi la tortue ou le lézard.

Symboles sexuels féminins

Selon Freud, « Le sexe féminin est représenté par tous les objets de forme concave pouvant contenir un autre objet : trous, vases, bouteilles, boîtes, écrins, caisses, poches [...], les portes d'entrée des maisons, tout ce qui donne accès à quelque chose [...], les coquillages sont incontestablement des symboles du sexe de la femme [...], les pommes, les pêches et, en général, tous les fruits sont les symboles des seins ».
On peut aisément ajouter, par exemple, la chaussette ou la chaussure ou les emballages, les cuvettes, les bols, les tasses. Rappelons-nous aussi que, dans le vocabulaire populaire, il est souvent question de la moule *pour représenter le sexe féminin. On peut voir aussi l'expression « la main au panier » dans la même optique, même s'il y est surtout question de fesses.*

DEUXIÈME PARTIE

Sigmund Freud

Biographie

Sigmund Freud est né le 6 mai 1856 à Freiberg en Moravie (actuelle République tchèque). Brillant élève, premier de sa classe pendant les sept dernières années de collège et de lycée, il hésite entre le droit, la médecine et la philosophie, avant de choisir la médecine. Il devient docteur en médecine en 1881. Freud se fiance en juin 1882 et, pauvre, doit penser à son avenir plus qu'au plaisir de la recherche en laboratoire.

Freud se confronte à l'énigme des névroses, qui provoquent une réelle douleur psychique pour le patient. Quelle est l'origine de ces troubles névrotiques et, spécialement, de l'hystérie ?

À Paris, Charcot et ses disciples de l'École de la Salpêtrière disent que l'hystérie a souvent quelque chose à voir avec le sexuel ou le génital. Mais par quel processus la sexualité peut-elle conduire à l'hystérie ? Charcot s'attache à démontrer que les troubles hystériques disparaissent sous hypnose. Bernheim essaie d'utiliser celle-ci pour soigner, en énonçant que l'hystérie est un trouble psychologique. Mais l'hypnose n'est pas toujours efficace.

Une des patientes de Freud, Emmy von N., pour qui l'hypnose a été un échec, demande alors au médecin de cesser toute hypnose et de l'écouter. Son cas permet à Freud de poser l'hypothèse que l'hystérie est la conséquence d'un traumatisme sexuel subi pendant l'enfance. D'autre part, il constate que faciliter, grâce à la parole et à la prise de conscience, l'évocation consciente permet de guérir les symptômes hystériques.

Ces thérapies lui permettent de découvrir que tous ses patients n'ont pas subi de réels traumatismes sexuels dans leur enfance : ils évoquent des fantasmes, ils racontent un « roman familial » auquel ils croient. Il s'aperçoit aussi que certains patients ne cherchent pas vraiment à guérir. Freud va alors créer le terme « psychanalyse » pour désigner ses pratiques thérapeutiques et ses études théoriques.

L'« inconscient » apparaît alors comme la racine commune à ces phénomènes. Le « préconscient » est la liaison entre « conscient » et « inconscient » ; il permet aux événements inconscients de venir à la conscience par le travail thérapeutique, mais également au travers des rêves, des lapsus, des actes manqués, des jeux de mots... Il permet aussi qu'ils soient refoulés dans l'inconscient.

Il montre la dualité entre les pulsions sexuelles (conservation de l'espèce) et les pulsions du « moi » (conservation de l'individu).

Freud expliquera la psychanalyse pour la première fois publiquement en 1904, à une tribune universitaire américaine. C'est durant cette période qu'il publie *Trois Essais sur la théorie sexuelle* (1905), ouvrage qui rassemble ses hypothèses sur la sexualité et le développement de la personnalité. Il utilisera aussi le terme de *transfert.*

Les publications de Freud permettent à des médecins germanophones de développer leurs pratiques thérapeutiques. C'est le début de la psychanalyse en tant que mouvement.

Les articles qu'il publie, la « direction » des revues et des travaux théoriques, les séminaires qu'il anime, tout cela va l'occuper énormément durant cette période. Parmi ceux qui travaillent avec lui, Jung, Adler, Ferenczi, Rank et bien d'autres, certains sont en rivalité personnelle, ou proposent des innovations théoriques ou pratiques que Freud va combattre. Ainsi, il refuse par exemple la prédominance de l'« inconscient collectif » proposé par Jung.

À partir de 1915, il prépare une nouvelle rupture dans sa conception de l'appareil psychique : en 1920, il commence l'ouvrage *Au-delà du principe de plaisir,* qui va introduire la notion de pulsions agressives, permettant d'expliquer certains conflits intrapsychiques.

C'est l'élaboration de la « seconde topique », composée du « Moi, du Ça et du Surmoi ». Elle se substitue, en se superposant, à la première topique qui était « l'inconscient, le préconscient, le conscient ». Cette nouvelle conception met en avant la lutte entre les pulsions de vie (représentées par la sexualité, la libido et l'Éros) et les pulsions de mort et d'agression (représentées par Thanatos). Cette conception de la psychanalyse est beaucoup plus riche et complexe que sa réduction au pansexualisme (c'est-à-dire l'explication par la libido de tous les phénomènes humains, par une sexualité qui s'exprime en tout).

Principaux concepts freudiens

Le conscient et l'inconscient

Ils forment l'appareil psychique, selon les deux topiques. Le terme « inconscient », pour Freud, comprend une série d'informations et de désirs maintenus hors de la conscience de l'individu. Cela englobe aussi l'ensemble des mécanismes qui empêchent à certaines de ces données de parvenir à la conscience et qui permettent aux autres d'y accéder (le refoulement, le principe de réalité, le principe de plaisir, la pulsion de mort). Pour Freud, l'inconscient est l'origine de la plupart des phénomènes conscients eux-mêmes.

Les trois instances de l'appareil psychique

Selon Freud, notre comportement est le résultat d'une équation entre trois instances.

– Le *Ça* : inaccessible à la conscience, le Ça recherche la satisfaction immédiate au principe de plaisir. Il s'agit d'une espèce de cocotte où s'échauffent nos désirs refoulés.

– Le *Moi* : en grande partie conscient, il cherche à éviter les tensions trop fortes du monde extérieur, travaille à éviter les souffrances. Reflet de ce que l'individu est en société, il rend la vie sociale possible en suivant le principe de réalité.

– Le *Surmoi* : jusqu'à cinq ans, l'enfant emmagasine quantité de règles de savoir-vivre à respecter, issues du milieu parental et social. Ainsi, l'enfant puis l'adulte entérinent le refoulement puisque le Surmoi punit le Moi par l'intermédiaire du remords et de la culpabilité.

Le travail du rêve

Freud distingue le « contenu manifeste » d'un rêve – c'est-à-dire l'histoire explicite dont on se souvient au réveil – du « contenu latent », qui apparaît au cours de l'analyse.

Dans les rêves compensateurs de frustration, tels ceux des enfants, les contenus manifestes et latents coïncident.

Dans les rêves clairs (sans ambiguïté), le contenu nous étonne car nous ne parvenons pas à concevoir de telles pensées à l'état de veille.

Dans les rêves au contenu manifeste absurde, le contenu latent ne se révèle pas toujours flatteur.

Le rêve repose sur quatre procédés.

– Le rêve condense, en une seule représentation, plusieurs idées ou plusieurs images. Il va même parfois réunir des désirs contradictoires.

– Le rêve crée un déplacement. Le désir sera apparemment déformé et fixé sur un autre objet ou sur de nombreux objets, jusqu'à l'éparpillement, jusqu'à la dilution.

– Le rêve figure le désir. Il ne l'exprime pas en mots ni en actes, mais il utilise des images, qui vont devenir des symboles.

– Le rêve est une activité proche de l'activité éveillée, puisqu'il s'efforce de conserver une apparence de vraisemblance, d'organisation, de logique interne.

Les pulsions

La pulsion ne peut être évitée ou fuie, parce qu'elle trouve sa source dans une excitation corporelle ; elle doit être déchargée dans le conscient, ce qui peut s'effectuer par le rêve, le fantasme et/ou la sublimation. Si elle n'est pas déchargée, elle est refoulée.

Freud distingue la pulsion de vie (Éros, qui représente l'amour) et le désir et la pulsion de mort (Thanatos, qui représente la mort), les pulsions destructrices et agressives. Thanatos cherche à détruire tout ce qu'Éros construit.

Les stades de la sexualité infantile

La sexualité de l'enfant va évoluer selon trois stades.

1) Le stade oral : durant la première année, la zone érogène privilégiée est la bouche. Grâce à l'allaitement notamment, le bébé prend plaisir à téter le sein de la mère. C'est le plaisir de manger et d'être mangé.

Complexe d'Œdipe

C'est le concept central de Sigmund Freud, et l'une des découvertes principales de la psychanalyse. Il se définit comme l'ensemble de pulsions qui poussent l'enfant mâle à ressentir une attirance pour sa mère et une hostilité pour son père.
Freud a découvert ce concept en méditant sur lui-même ainsi que sur l'histoire d'Œdipe, ce héros grec, telle qu'elle est racontée dans l'œuvre de Sophocle (c'est en 1910, dans Contribution à la psychologie de la vie amoureuse, *qu'apparaissent les termes « complexe d'Œdipe »).*
Pour lui, il s'agit d'une étape logique dans le développement psychologique des garçons. La mère, en effet, est perçue par le petit garçon, depuis le premier stade du développement, comme « nourricière » ; en donnant le sein, elle lui procure du plaisir et donc il tend progressivement à « se l'approprier ».
Pour Freud, ce complexe se déroule alors en trois phases :
1) La phase phallique
Le garçon devine que ses parents connaissent des jeux sexuels ; il prend conscience qu'il existe entre eux une complicité dont il est écarté, ce qui provoque une frustration. Il va donc connaître plusieurs comportements typiques pour tenter de s'interposer entre son père et sa mère, jusqu'à entrer en rivalité directe avec son père ou exhiber son pénis à sa mère.
2) La castration symbolique
Le père, bien sûr, s'oppose aux désirs de l'enfant. Il prend, aux yeux du garçon, la stature d'une figure autoritaire susceptible de le punir (idée de castration).
L'enfant va imaginer la castration comme sanction par le père ; ou bien il va entrer dans un désir de séduire le père (comme le fait la mère). On parlera de complexe d'Œdipe « positif » dans les premier cas et d'Œdipe « inversé » dans le second.
Dans un cas comme dans l'autre, les pulsions sexuelles sont refoulées, ce qui va générer des traumatismes et des névroses.

3) La résolution
Ce refoulement des pulsions sexuelles dure jusqu'à l'adolescence. À cet âge, le garçon renonce à la satisfaction sexuelle avec l'un ou l'autre de ses parents, ce qui lui permet de sortir du conflit, de chercher d'autres partenaires sexuels et de construire sa propre personnalité en empruntant des éléments aussi bien à son père qu'à sa mère.

Et la petite fille, alors ?
Freud croyait le complexe d'Œdipe universel. Pourtant, lui-même se rendait compte que ce modèle ne pouvait s'adapter au cas de la petite fille. En effet, pour la petite fille aussi, la mère est présente, dans les premiers stades du développement, comme la « nourricière ». Pourquoi, si le système fonctionnait identiquement, une fois adultes, les petites filles seraient-elles attirées par les hommes ? La psychanalyse va répondre par le complexe d'Électre.

Et les autres peuples ?
Les ethnologues tels que Claude Lévi-Strauss trouvaient abusif que Freud puisse fonder l'essentiel de la psychologie humaine sur une « pièce de théâtre de Sophocle ». D'autres critiques ont également été émises sur la notion de complexe d'Œdipe indissociable d'une forme familiale précise. En effet, cette forme d'organisation familiale (le père, la mère et l'enfant vivant sous le même toit) n'a rien d'universel : dans de nombreuses cultures, l'autorité vis-à-vis de l'enfant n'est pas le père, mais l'oncle maternel. Si ces deux rôles – père biologique et père tuteur – sont dissociés, il n'est pas sûr que le complexe d'Œdipe puisse se déclencher. Enfin, les travaux de Carl Gustav Jung vont aussi s'opposer à ce concept.

2) Le stade anal : jusqu'à trois ans environ, l'attention se porte sur la région rectale. Il y a la recherche du plaisir à contrôler le sphincter. L'enfant s'intéresse à ses excréments : il sait que les retenir ou les expulser fait réagir ses parents. Parallèlement, l'enfant use de ce nouveau pouvoir et cultive une opposition constante : on appelle ce stade *sadico-anal.*

3) Le stade phallique : le garçon ressent le pénis comme un symbole de puissance (notamment de la puissance du père). La petite fille, qui constate son absence sur elle, intègre un sentiment d'infériorité. Garçons et filles sont cependant centrés sur la découverte des organes génitaux. Ils trouvent du plaisir à se caresser. Parallèlement, ils commencent à s'interroger sur la sexualité et se doutent que des choses se passent entre leurs parents. Ils se posent beaucoup de questions (voir les encadrés « Complexe d'Œdipe », p. 43, et « Complexe d'Électre », p. 46).

Pour Freud, donc, l'être humain doit constamment lutter contre sa nature. Il doit réfréner ses désirs pour que la société puisse exister pour ne pas que l'égoïsme universel entraîne le chaos. Plus le niveau de la société s'élève et plus les individus doivent accepter de sacrifices. Ces sacrifices expliquent sans doute qu'il existe souvent une haine à l'égard de la culture. La culture, cependant, protège l'individu, malgré cette exigence de renoncements et va offrir des *dédommagements* par le biais de la consommation, du divertissement, du patriotisme...

Vis-à-vis de la religion, Freud estime que l'Homme y perd plus qu'il n'y gagne. D'après lui, l'humanité n'est qu'une illusion et l'Homme doit admettre ce fait pour quitter son état d'infantilisme, de même que l'enfant doit résoudre son complexe d'Œdipe pour accéder à l'âge adulte.

Freud a surtout été celui qui a délivré la parole autour de la sexualité, notamment de la sexualité féminine. Par contre, il n'a jamais prôné une libération en matière d'éducation et de mœurs.

Son importance est fondamentale en ce qui concerne la psychologie, les troubles mentaux, la psychopathologie, la relation entre le patient et son psychothérapeute (transfert), la structure et le développement de la personnalité... et s'est étendue dans de nombreux pays européens et américains.

À l'heure actuelle, cependant, elle tend à être remise en cause. Mais, dès ses débuts, on l'a vu, Freud a été critiqué par certains opposants, tantôt sur le plan des méthodes et tantôt sur le plan de la sincérité de son engagement, parce que son travail n'a pas été sans défauts ni limites diverses.

Ce dépassement et cette opposition ont bien été représentés par Carl Gustav Jung…

Complexe d'Électre

La fille est privée de pénis ; elle ne peut donc pas entrer ouvertement en conflit avec le père. Ainsi la castration n'est-elle pas vécue chez elle comme la peur de perdre son pénis, mais comme la frustration de ne pas en avoir. Selon Freud, elle peut réagir de trois façons : par le rejet de la sexualité ; par le rejet de la castration, c'est-à-dire de son destin de future femme ; par le choix du père comme objet.

Dans ce dernier cas, elle commencerait à ressentir une attirance pour son père, puisqu'il s'agirait de lui soutirer un pénis pour se procurer celui qui lui manque. Cette attirance pour le père n'entame pas la pulsion sexuelle pour la mère « nourricière », mais la mère prend le rôle de rivale dans la quête du pénis paternel. Cette explication permet de comprendre comment la fille en vient à ressentir des pulsions sexuelles pour son père et des pulsions hostiles pour sa mère, au contraire du garçon.

Le complexe d'Électre va se résoudre au moment de l'adolescence, lorsque la fille surmonte la castration, qu'elle élabore sa personnalité, empruntant à la fois à son père et à sa mère. Elle se met à rechercher d'autres partenaires sexuels que ses parents. Le désir d'enfant, à l'âge adulte, ne serait alors chez la femme qu'une sublimation du désir de pénis ressenti dans l'enfance.

Freud pensait que les effets du complexe d'Électre perduraient durant toute la vie mentale de la femme.

Carl Gustav Jung

Biographie

Carl Gustav Jung est né en 1875 à Kesswil (Suisse). Son père était pasteur luthérien. Sa relation avec ses parents est très affectueuse, mais Carl Gustav est un enfant introverti et isolé. Pendant sa jeunesse, il va lire intensément, notamment Goethe, mais aussi des philosophes comme von Hartmann (*Philosophie de l'inconscient*) ou Nietzsche (*Ainsi parlait Zarathoustra*).

En 1894, alors que Jung désire étudier l'archéologie, le manque d'argent de sa famille l'oblige à se résoudre à étudier la médecine. Dans ce nouveau contexte, cependant, il s'épanouit progressivement. Il va découvrir Richard von Krafft-Ebing, psychiatre austro-hongrois, auteur d'une étude des perversions sexuelles intitulée *Psychopathia sexualis* en 1886, qui popularisa les termes « masochisme » et « sadisme ». Cela le pousse à se spécialiser en médecine psychiatrique. Durant l'année 1900, effectuant une partie de sa spécialisation en psychiatrie, il assiste, à Paris, aux cours de Pierre Janet, médecin et psychologue français, personnalité importante de la psychologie clinique française du XIXe siècle.

En 1902, il soutient sa thèse de doctorat « La psychopathologie des phénomènes dits occultes » sous la direction de Bleuler. Il rencontre Sabina Spielrein dont il devient le psychiatre, l'analyste et l'amant, même si, cette année, il se marie avec Emma Rauschenbach avec laquelle il aura cinq enfants.

Il a déjà publié les deux volumes consacrés à l'étude des « associations libres » lorsqu'il est nommé professeur de psychiatrie, en 1905, à l'université de Zurich. En effet, il a mis au point une technique qui porte ce nom.

L'« association libre »

L'« association libre » est la première règle fondamentale d'une psychanalyse. Il s'agit de dire ce qui passe par la tête, sans censure morale, même si les pensées semblent inopportunes. Cette règle est utile pour combattre le « refoulement ». Cette découverte et cette pratique sont souvent attribuées à Freud.

En 1907 paraît *De la psychologie de la démence précoce*. Cet ouvrage est consacré à la psychologie de la *dementia praecox* (qui sera ensuite nommée « schizophrénie »). Dans cette étude, il se réfère à Freud, mais il reconnaît déjà que ce complexe « se situe peut-être au-delà des limites des vues de Freud ».

Il fait le choix d'envoyer une copie de son livre à Sigmund Freud, lequel lui répond favorablement, ce qui va faire naître une amitié intense mais « conflictuelle » entre les deux hommes. Cette rencontre avec Freud, qui est plus vieux de dix-neuf ans, est déterminante. En 1908, Jung participe au premier Congrès de psychanalyse à Salzbourg. Il y sera nommé « directeur de la publication » de l'*Annuaire international de recherche psychologique et psychothérapeutique*. Puis il accompagne Freud et Sandor Ferenczi aux États-Unis. Lui-même donne des conférences à l'université de Clark dans le Massachusetts. Il y reçoit le titre de *doctor honoris causa*. C'est durant cette période faste que Freud le considère explicitement comme son « successeur et prince héritier ».

La persona et l'ombre

La « persona » est la partie de l'individu qui est apparente, éclairée, l'image que l'on choisit de donner de soi-même à la société. C'est le « Moi social », c'est un masque conventionnel, non agressif.
L'« ombre » est la partie inconsciente de la personnalité, non exposée à la lumière. C'est l'aspect animal de la personnalité sous le vernis de la civilisation.

> *Ce sont toutes les potentialités que nous n'exploitons pas ; cela ne veut pas signifier, cependant, que nous la réprimions.*
> *Il existe un équilibre entre la « persona » et l'« ombre », sinon rien de spontané ne pourrait avoir lieu. Elles dépendent toutes deux du contexte socioculturel.*

En 1910, au Congrès de Nuremberg, Jung devient président de l'API (l'Association psychanalytique internationale, qui vient juste de voir le jour).

Pourtant, dès l'année suivante, on peut ressentir les premières dissensions entre les deux hommes à propos de la notion de *libido*. La libido désigne le désir sexuel. Sigmund Freud utilisa le terme en précisant qu'il s'agissait d'une force ou énergie pulsionnelle entrant en conflit avec les conventions et le comportement civilisé. Freud n'a pas inventé le terme puisqu'on le trouve employé par Spinoza, dans le sens d'appétit sensuel.

Pour Freud, « Dieu ne fait rien pour rien ». Ainsi, le but du désir sexuel est d'assurer à tout prix la reproduction de l'espèce. La nature a sélectionné au cours de millions d'années d'évolution les êtres les plus « libidineux » (hommes, primates, animaux…).

Cependant, pour Jung, ce mot peut désigner un concept plus général d'énergie créatrice d'un individu.

La libido

Si la libido, dans le sens de désir sexuel, n'a guère changé au cours des âges, l'expression de la libido, elle, a énormément varié. Selon toute vraisemblance, la Vénus callipyge n'exciterait guère l'homme moderne.

La femme est soumise à un cycle sexuel régulier. Sa libido maximale est atteinte quatorze jours après les règles, époque où un maximum d'hormones femelles est sécrété (il s'agit de l'œstrus).

La libido de l'homme est quasi permanente. Elle est le résultat de stimuli intérieurs, de fantasmes, de pulsions (que Freud appelle le « Ça ») et de stimuli extérieurs (vues, aperçus, phéromones ...). Pour l'homme aussi le fonctionnement est cyclique, mais le cycle est tout autre. Physiologiquement, le but de l'érection est de produire une éjaculation fécondante de gènes nécessaires au maintien et au développement du patrimoine génétique de l'espèce humaine.

En vue de parvenir ou d'augmenter l'état de plaisir maximal, les femmes et surtout les hommes recourent à des adjuvants soit culturels tels que la musique, la danse, la poésie ..., soit chimiques ou végétaux : des aphrodisiaques. À part quelques produits comme les piments de toutes sortes, ou autres substances hyperprotéinées, ces aphrodisiaques n'agissent que par effet suggestif.

Ainsi, certains peuples de culture chinoise vont rechercher des ailerons de requin, des pénis de tigre séché, des cornes de rhinocéros – autant de substituts phalliques. Ces croyances deviennent nuisibles car y sont consacrées de véritables fortunes (d'après l'ONU, il s'agirait du troisième budget mondial après le trafic de drogue et le trafic d'armes) et que ce commerce a déjà entraîné la disparition de plusieurs espèces animales (tigre blanc de Malaisie, rhinocéros de Sumatra ...).

Les êtres humains vont aussi avoir recours à des adjuvants mécaniques, tels que le bondage, la domination, le sadomasochisme (BDSM).

Au cours de plusieurs conférences à New York, vers 1912, la divergence théorique avec Freud atteint des niveaux intolérables. Ils se confrontent, chacun accusant l'autre de l'incapacité d'admettre son erreur. Jung se fâche avec Freud et la psychanalyse freudienne, à propos de l'approche de l'inceste. Jung considère ce phénomène comme un désir de retour à la mère *avant* d'être un désir génital visant le parent de sexe opposé. Il remettait ainsi en cause la primauté de la sexualité de la libido freudienne. Jung publie *Métamorphoses et symboles de la libido*. Il introduit le terme d'*inconscient collectif*. Au sein de l'inconscient, Jung va différencier l'« inconscient personnel » et l'« inconscient collectif », ou « inconscient impersonnel », notion que Freud a toujours considérée comme inutile.

L'inconscient collectif

Il se manifeste par les « archétypes », c'est-à-dire les images anciennes (comme le « dragon », le « paradis perdu » ...). Ces images constituent un fonds commun à toute l'humanité. Dans chaque individu, on les retrouve à côté des souvenirs personnels, dans les rêves, dans les délires et dans les arts picturaux.
1re couche : c'est l'inconscient individuel.
2e couche : c'est l'inconscient collectif familial auquel on appartient.
3e couche : c'est l'inconscient collectif du groupe ethnique et culturel auquel appartient la famille.
Il y a, enfin, un inconscient collectif « primordial », qui est général à l'humanité : la peur de l'obscurité, les instincts...

Jung poursuit des recherches personnelles, fondant une approche de l'âme humaine (intitulée « psychologie analytique »). Il renonce à continuer à diriger l'*Annuaire* et écrit sa *Théorie de la psychanalyse.*

En 1914, Jung démissionne de sa charge à l'API et va organiser les bases de ce qui s'est appelé l'école de Zurich, avec Alphonse Maeder.

Outre cette rupture, Jung va aussi être très éprouvé par la Première Guerre mondiale, qui va avoir sur lui un effet dévastateur, puisqu'on va évoquer à son propos la neurasthénie et l'hystérie (Henri F. Ellenberger).

Après la guerre, Jung, financièrement plus à l'aise grâce à la vente de ses livres et ses conférences, parcourt le nord de l'Afrique, visite le Nouveau-Mexique. Il prend contact avec des groupes indigènes, en particulier, les « Indiens pueblos » d'Amérique du Nord, il vit avec eux en essayant de connaître au plus près cette culture. Il partira ensuite pour le Kenya et l'Ouganda. C'est à cette époque qu'il publia sa théorie sur les types psychologiques, dans laquelle il a développé sa théorie de la personnalité. En 1938, il voyage en Inde.

En 1930, Jung est nommé président honorifique de la Société générale allemande de médecine psychothérapeutique, puis professeur de psychologie médicale à l'École polytechnique fédérale de Zurich.

Des archétypes toujours d'actualité

Grande mère, Roi, Héros, Chasseur, Princesse, Dragon, Déluge sont, parmi bien d'autres, des images qui peuplent notre inconscient...
Jung s'inspire d'innombrables traditions – la kabbale, l'hindouisme, l'astrologie – qu'il connaissait parfaitement et dont il se rendait compte qu'elles comprenaient des « savoir-faire » et des « savoir-être » humains.
Il s'enrichit de ses rencontres avec des ethnologues, ou des hommes tels que Richard Wilhelm, missionnaire en Chine, fasciné par le taoïsme et traducteur du Yijing.
À partir de ce matériel comparatif, Jung inventoria les contenus de l'inconscient. Ainsi découvrit-il des images universelles qui apparaissaient régulièrement et qu'il appela les « archétypes », qui révèlent cet inconscient collectif qui est l'héritage psychique liant l'individu à l'humanité tout entière.

Le 30 janvier 1933, Hitler arrive au pouvoir. Une purge idéologique va être menée et la psychanalyse sera qualifiée de « science juive ». Le 10 mai 1933, les œuvres de Freud sont publiquement brûlées à Berlin. Freud va alors autoriser Max Eitingon, juif, à laisser sa place à Felix Boehm, aryen, pour tenter de sauver la Société allemande de psychanalyse. Parallèlement, la Société internationale médicale de psychothérapie, qui est indépendante de l'école freudienne, a comme président Ernst Kretschmer qui doit également démissionner, parce qu'il est aussi juif. Jung, vice-président, va lui succéder afin, pense-t-on, d'apporter sa neutralité helvétique.

Mais les nazis vont confier le contrôle des activités psychiatriques du Reich au docteur Matthias Heinrich Göring, neuropsychiatre mais surtout cousin de Herman Göring, le bras droit de Hitler.

Jung est littéralement piégé. En effet, il réside à Zurich, et doit superviser de loin la réalisation des pages destinées à l'édition internationale de la revue qu'il préside : au mois de décembre 1933, il signe un éditorial dans lequel il prend soin d'insister sur le caractère scientifique et apolitique de la revue. Mais, dans les exemplaires imprimés en Allemagne, il constate que le docteur Göring recommande à ses lecteurs de se reporter à *Mein Kampf* de Hitler. Dès lors, Jung, qui ne démissionne pas, est accusé d'avoir pactisé avec le diable, taxé d'antisémitisme, accusé de présider une association qui semble avoir pour but d'éliminer les Juifs et de relayer la propagande nazie.

Jung affirme, sans nécessairement convaincre, qu'il avait agi ainsi en accord avec ses collègues et amis juifs pour sauver la psychanalyse. Jung a finalement renoncé au poste de président de cette société de psychothérapie en 1939 et a alors rejoint la cause alliée aux États-Unis. En 1943, il collaborera avec l'Office of Strategic Services.

Son épouse, Emma, meurt en 1955. Leur mariage a été troublé par des infidélités de Jung, notamment celle, connue de tous ses proches, avec son ancienne analysante, devenue analyste, Toni Wolf. Il meurt le 6 juin 1961, après une courte maladie, dans sa maison près du lac de Zurich, en Suisse, à l'âge de quatre-vingt-six ans.

Jung et le rêve

Comme pour Freud, le rêve est pour Jung la « voie royale » qui mène à l'inconscient. Pour lui, le rêve prouve l'existence d'un psychisme juste et d'une sagesse naturelle qui tend au contrôle de la psyché.

Le rêve traduit l'état de l'inconscient à un moment donné et exerce une complémentarité par rapport aux attitudes conscientes. C'est une production naturelle qui doit être examinée comme telle.

Le rêve met en jeu des symboles pour peindre une situation mais, contrairement à ce que pensait Freud, ceux-ci ne sont pas uniquement des allégories créées par une censure qui chercherait à escamoter des éléments de l'état de veille. Pour Jung, ce sont des images qui possèdent leur raison d'être en elles-mêmes, qui ont leur dynamisme propre. Leur signification dépassera toujours les interprétations que l'on peut en donner.

Le rêve forme un tout complet, chaque symbole demande à être éclairé à l'aide du contexte du rêve et celui de la vie.

Les symboles peuvent aussi apparaître à l'état de veille : cela aura la forme de fantasmes, d'impressions visuelles ou auditives. L'imagination « active » peut intervenir ; elle consiste à fixer son attention sur une image empruntée à un rêve et à en examiner la libre évolution. Cette « imagination active » est à l'opposé de la rêverie.

Carl Jung a été un pionnier de la psychologie des profondeurs qui l'a amené à introduire des notions venues de l'anthropologie, de l'alchimie, des rêves, de la mythologie et de la religion, mais aussi à apporter des enrichissements à ces domaines. Il a aussi fait des incursions dans d'autres domaines : philosophie et sociologie, critique d'art et de littérature, étude comparative de religions.

Il met en valeur une compréhension de l'âme (appelée « psyché ») à travers l'exploration des rêves, des figures et des processus symboliques véhiculés par la mythologie et la religion. Il interprète les troubles intérieurs de l'individu comme symptomatiques d'un manque d'unité spirituelle. Pour lui, les humains modernes dépendent trop de la science et de la logique ; ils gagneraient à s'intéresser à la spiritualité.

Certains scientifiques pensent donc que la démarche de Jung est en résistance à la science, et considèrent que ses écrits sont ésotériques ou pseudo-scientifiques. C'est pour cette raison que ses idées sont plutôt étudiées en lettres ou en philosophie.

Masculin/féminin

Dans notre monde, la place réelle accordée à la vie sexuelle est insuffisante, malgré l'abondance d'images et d'allusions érotiques qui sont, en l'occurrence, frustrantes et non épanouissantes.

Dans les rêves, il est souvent question d'amour et de sexe, ce qui est une façon pour l'individu de se rappeler de leur accorder dans son quotidien la place qui garantit son équilibre vital. En effet, l'inconscient s'efforce constamment de préserver l'équilibre physique et psychique de l'homme et de la femme. On savait cela dans l'Antiquité gréco-romaine, époque où celui qui interprétait les rêves était aussi prêtre et médecin.

Le rêve est une activité instinctive qui a pour objectif d'entretenir la santé. Il va fournir pour cela des informations que le conscient ignore. Ainsi, il évoquera l'amour et le sexe si le rêveur rencontre des comportements déficients ou des difficultés, voire des points de vue problématiques à cet égard. Si le rêveur – ou la rêveuse – n'est pas dans ce cas, son rêve se portera sur un autre domaine. Si le rêve parle de sexualité charnelle, il ne va pas employer d'images sexuelles, mais il utilisera plutôt des images (animaux, nourriture ou lieux). Si, au contraire, il vise à inviter le rêveur à développer son dynamisme personnel, il va utiliser des scénarios de rencontre amoureuse. Le rêve utilise des énigmes, des reconstructions, des rébus pourrait-on dire, dans le but de conduire l'individu à s'accomplir. Il va délivrer des messages et l'effort que l'on fera d'interprétation va amener chacun à se réaliser, à condition que ce cheminement de la compréhension soit bien fait. Le rêve n'infantilise pas le rêveur, il lui donne au contraire la possibilité de se constituer en tant qu'individu libre. Il faut absolument comprendre que, si une femme rêve de son patron, ce ne sera pas forcément de son patron qu'elle aura rêvé mais de la partie d'elle-même que l'idée de patron représente – par exemple l'énergie, la créativité. Ce genre de rêve va engager le rêveur à sortir de sa passivité.

Le rêve de rencontre amoureuse est un scénario quasi universel ; de même, il existe d'autres symboles éminemment universels, comme les rêves de terre, de feu, d'eau, de soleil, de lune, de jour et de nuit. Cependant, l'interprétation ne peut et ne doit en aucun cas être systématique car il existe avant tout les propres associations et les perceptions particulières du rêveur ou de la rêveuse, leur propre vécu, qui est irremplaçable pour la compréhension.

En fait, le rêve tend à faire que se réalise l'équilibre entre les pôles intérieurs masculin/féminin de chaque individu.

L'*Anima*

« Au Moyen Âge, bien avant que les physiologistes aient démontré que notre structure glandulaire confère à chacun de nous des éléments à la fois mâle et femelle, un dicton voulait que "chaque homme porte en lui une femme". Et c'est cet élément féminin dans chaque homme que j'ai appelé l'*Anima*. Cet aspect féminin est essentiellement une certaine façon, intérieure, qu'a l'homme de se rapporter à son entourage, qu'il cache aux autres tout autant qu'à lui-même. Même lorsque la personnalité visible d'un individu paraît normale, il se peut qu'il dissimule aux autres et à lui-même cette "femme qu'il porte en lui" et dont l'état est quelquefois déplorable » (C.G. Jung, *L'Homme et ses symboles*, Robert Laffont).

Ce terme signifie à l'origine « âme » ; c'est la partie féminine que l'homme porte en lui, la « femme » intérieure, le « pôle » féminin. Il ne s'agit pas d'une image concrète de femme, mais d'une accumulation énergétique de « féminin ». Sans la richesse de ce pôle en l'homme, celui-ci ne serait que raison et intelligence et n'aurait pas de réseau de sensations. C'est par l'*Anima* que l'homme ressent la vie, que ce soit positivement ou négativement. C'est par son *Anima* que l'homme va se construire – ou se détruire – lui-même, de l'intérieur.

L'homme a en lui non seulement une image a priori de la femme, mais aussi une représentation du féminin : ce qu'il attend d'une femme, comment il se représente la femme, mais aussi, et cela est important, la partie féminine de son être, partie contre laquelle il se défend souvent.

Selon Jung, cet ensemble de traits donne lieu à un idéal de la femme. Et l'homme veut atteindre cet idéal. Alors, pour lui, en lui, vont se confronter sans cesse cet être idéal et la femme réelle, celle qu'il rencontre dans la réalité et avec qui il entre – ou non – en relation, avec qui il crée, avec qui il compose...

Ainsi, l'homme possède un penchant naturel à vouloir faire l'expérience de l'Autre, mais il est poussé par un idéal de cet Autre.

La mère

La mère représente un symbole bivalent. En effet, c'est à la fois celle qui nous donne la vie et celle qui, en tant que mère mythique, en tant que Terre-mère, est destinée à nous ensevelir, c'est-à-dire la mort. Elle va donc être à la fois une représentation de la pureté originelle, et même de la pureté sexuelle, et de la connaissance. Pour Freud, elle est l'objet d'un désir inconscient mais aussi de la peur de la castration. Pour Jung, elle est l'archétype de la responsabilité du développement spirituel. Elle a donc le pouvoir de créer et de détruire. Cela ne veut pas dire qu'on ne peut pas rêver de sa propre mère réelle, de celle qui nous a donné la vie, mais la vision de la mère, dans les rêves, sera souvent associée à des sentiments relatifs à l'éducation.

Il pourra s'agir d'une mère positive ou d'une mère négative.

La mère que le rêveur va ressentir comme positive sera représentée par des symboles qui :

- *défendent et rassurent (maison, grotte, coffre…) ;*
- *donnent la vie, le lait, une promesse (terre, jardin, œuf…) ;*
- *se présentent à l'horizontal (lac, mer, route, horizon…) ;*
- *englobent, renferment (valise, ascenseur…) ;*
- *détiennent des mystères de vie (gitane, sorcière…).*

La mère que le rêveur va ressentir comme négative sera représentée par des symboles qui évoquent :

- *le passé, l'enfance, l'obscurité ;*
- *le repli sur soi, la solitude ;*
- *l'empêchement de grandir et d'avancer ;*
- *la malédiction ;*
- *la menace ;*
- *l'étouffement.*

L'*Anima* n'est donc pas une femme précise, mais constitue un archétype très puissant qui englobe l'essence de toute féminité : la fille, la sœur, l'épouse, la maîtresse, la fée, la sorcière... et ce d'une manière exclusive et accaparante. L'homme peut se croire polygame, mais il a pour archétype sexuel une image unique, et donc il va se conduire avec la femme intérieure de manière monogame.

Ainsi, si l'homme a constitué en lui une *Anima* négative, il va perdre le contact authentique avec les valeurs de l'amour et de la vie.

Constituant l'*Anima*, la part féminine de l'homme, on peut trouver :

– La femme primitive : ce sera Ève, Vénus, mais aussi les sirènes ou les femmes fatales. Elle représente une image fortement génitalisée, les relations purement instinctives et biologiques.

– La femme romantique : l'érotisme touche toute l'image féminine, laquelle est chargée esthétiquement. Les caresses et la contemplation vont prendre la place des engagements orgasmiques.

– La femme vénérée ou femme de la sublimation : la Vierge pour les chrétiens, Kali pour les hindous, les déesses Isis et Déméter... Ici, la génitalité est écartée, l'érotisme est totalement sublimé puisqu'il y a dévotion.

– La femme sage (ou *Sapientia*) : sera une déesse-mère, une guide, un symbole de la sagesse et de l'éternel féminin.

Le premier modèle de l'*Anima* est bien évidemment la mère. Elle est l'image féminine primordiale. Va-t-elle être ressentie par l'enfant comme une puissance maléfique ou bénéfique, comme positive ou comme négative ? Ensuite, viennent les attributs d'autres femmes qui vont donner un contenu à la forme de l'*Anima*.

Il faut, pour l'homme, se libérer de l'image maternelle. Cette libération va exiger une dépense d'énergie extraordinaire parce qu'elle constitue un des problèmes les plus importants et délicats de l'évolution de la personnalité de l'homme. Il faut donc être vigilant et observer tous les moyens symboliques grâce auxquels l'ego va se séparer des archétypes, des images des parents durant l'enfance. Cela se passe souvent à travers les rêves.

Dans un second aspect du terme, nous l'avons dit plus haut, l'*Anima* désigne aussi le « pôle sexuel féminin » chez l'homme. Ce

« pôle » a souvent été refoulé par toute l'éducation (les parents, les voisins, l'école) : « Un homme, ça ne doit pas pleurer. »

Pourtant, tout homme porte en lui une certaine « féminité », c'est-à-dire des caractéristiques traditionnellement et culturellement attribuées aux femmes (la sensibilité et l'émotivité, selon Jung, même si l'on peut contester que ce soient les seules caractéristiques féminines).

Ainsi, l'*Anima* règle l'attitude profonde de l'homme. Elle va être constamment projetée vers l'extérieur, vers l'autre.

Il faut à présent observer cette *projection* vers l'autre.

La projection

Selon le Littré, c'est « le fait pour un individu de projeter dans le monde extérieur ses états affectifs », c'est-à-dire que l'individu va attribuer à des personnes – ou à des objets, à des lieux – des caractéristiques qu'ils ne possèdent pas mais que lui-même porte en lui. Ainsi, un individu qui aurait mal dépassé une image négative de sa propre mère projettera sur toutes les femmes des pensées a priori. Il ne pourra pas établir de communication authentique avec elles.

En fait, ce phénomène est très troublant parce que les êtres humains vivent quasi uniquement par le biais de la projection. L'être humain ne se connaît pas lui-même, donc il ne peut connaître l'autre. Les humains vivent dans des relations qu'ils croient être *vraies*, mais qui ne sont que des visions erronées de la réalité, à travers des sensations venues de la vie intérieure. Par cette opération mentale, et inconsciente généralement, une personne place sur autre chose ses propres sentiments, mais sans les reconnaître comme tels. Hélas, ces projections vont être, la plupart du temps, des sentiments négatifs.

L'*Anima* sera projetée sur tous les éléments de la vie de l'individu. Ainsi, l'*Anima* va colorer les rêves. Elle idéalise la femme sur laquelle elle est projetée et, si la femme ne correspond pas à la projection qui est faite, c'est l'effondrement du « grand amour » (auquel le sens des réalités pourra, bien sûr, apporter une réponse).

L'*Animus*

L'*Animus* est, pour Carl Gustav Jung, la part masculine de la femme. C'est l'homme « intérieur », c'est-à-dire un archétype pourvu d'éléments traditionnellement considérés comme masculins tels que l'initiative, l'audace, le directif, le conquérant. Il est plus axé sur l'expansion que sur la rétention.

Ce pôle masculin de la femme va former sa partie extravertie, créative et structurée socialement ; c'est aussi le pôle de la raison et de la pensée. Ce sera, en elle, la dimension de l'avenir.

La formation de l'*Animus* (ou sa déformation) dépend du père où, du moins, de la sensation qu'éprouve la fille envers son père. Il est à noter que la mère jouera aussi un grand rôle dans cette perception. Pour la petite fille, le père est le premier mâle – symbolique, avant tout – de sa vie. Il va incarner puissance, infaillibilité, connaissance, avenir ; il va symboliser le social et l'art de « s'imposer ». Ainsi, la vie que la fille va extérioriser dépendra de ce qu'a été le père, réellement, ou de la façon dont cela a été ressenti.

On a quatre phases de développement de l'*Animus*.

– L'homme sauvage, primitif : symbolisé par Tarzan, par un athlète, par des dieux tels que Dionysos ou Pan, il marque une forte personnification du pouvoir physique.

– L'homme romantique, l'aventurier, l'homme d'action : Indiana Jones, un militaire, un guerrier : la sexualité laisse la place à l'admiration devant la sensibilité ou la prouesse.

– L'homme qui a la parole : cela sera le professeur, le leader politique ou religieux.

– L'homme sage : il représentera le savoir masculin, comme le Christ ou Mahatma Gandhi. L'*Animus* est symbolisé par le sens ultime de l'existence et du cosmos, par le dépassement de ses propres limites.

Le père

Dans les rêves, le père joue un rôle nettement sexuel. Il est le détenteur même du phallus, de la masculinité. Un père intimidant sera l'expression des doutes sexuels d'un rêveur. Un père aimant ou séducteur montrera les désirs inconscients (vers l'inceste ?) de la rêveuse. Pour Jung, le père dans le rêve dépasse son rôle parental et devient le symbole de la Loi, du législateur, il rejoint l'archétype du vieux sage, du guérisseur, du guide. Cela peut être un destructeur aussi.
Il sera représenté par :
– tout ce qui est vertical, dressé, arrogant, agressif ;
– tout ce qui troue, perce, est tendu (vers la droite ou vers l'avenir).
Le père peut aussi être positif, avec les symboles de ce qui évoque :
– le social, l'action, la lutte, l'honneur, la loi ;
– l'avenir, l'apprentissage.
Ou bien négatif, avec ce qui représente la castration, la destruction et la répression.

Ces différentes images entraînent une formidable énergie permettant à la vie d'acquérir un sens nouveau. L'image du héros est une image de l'*Animus* chez la femme. Cependant, souvent, l'*Animus* est négatif. Il apparaît dans les rêves – voire les fantasmes – sous les traits d'un homme séducteur ou diabolique, macho ou violeur, qui est porteur de valeurs masculines souvent très éloignées des valeurs féminines conscientes de la rêveuse. C'est souvent dans la seconde moitié de sa vie que la femme se trouve confrontée à cette figure de son inconscient. Elle est obligée de quitter les discours tout faits (idéologie, opinions formatées) pour en chercher la source en elle-même.

Dans beaucoup de rêves, l'*Animus* négatif va se présenter sous la forme de groupes d'hommes menaçants ou dangereux, sadiques ou démoniaques (cela peut être des vampires), des tueurs, des pirates, des militaires, des dictateurs.

L'*Animus* négatif portera des images de castration (c'est-à-dire une impuissance à l'égard de l'avenir), de rêves où l'action est cassée, avortée (un voyage qui ne se réalise pas, une rue en cul-de-sac), de rêves d'impuissance générale dans la vie.

Mais, lorsque l'*Animus* est positif, les rêves vont présenter des hommes qui ne sont pas dangereux. Un homme seul fait son apparition à la place des groupes inquiétants. Ce sera un chevalier, un aristocrate, un roi ou un prince, un acteur de cinéma... La femme qui a accédé à son *Animus* positif va se représenter elle-même en tant que pilote d'avion, par exemple, ou en train de pratiquer un métier ordinairement masculin.

Jacques Lacan

Biographie

Jacques-Marie Émile Lacan est connu sous le nom simplifié de Jacques Lacan. Il est né le 13 avril 1901 à Paris. Il grandit dans un milieu catholique et conservateur. Il est décrit comme un enfant tyrannique mais brillant ; il intègre le collège Stanislas en 1907. Là, il reçoit une éducation primaire et secondaire solide. À partir de ses quinze ans, il découvre le philosophe Spinoza mais aussi Jean de la Croix, Leibniz, saint Paul et Angelus Silesius.

Il débute des études de médecine. Il fréquente aussi bien les surréalistes que l'Action française, qui se caractérisent par des positions anticonformistes. Il porte déjà une attention particulière au problème du langage. Il a perdu la foi et choisit de se spécialiser en psychiatrie. En internat de psychiatrie, il rencontre Henri Ey et Pierre Mâle. Il soutient sa thèse de doctorat à la fin de l'année 1932, et obtient son diplôme de docteur en médecine, spécialité psychiatrie.

Avant la soutenance de sa thèse, il a entamé une psychanalyse. Il est nommé membre adhérent de la Société psychanalytique de Paris (la SPP). En 1933, il rencontre Marie-Louise Blondin, qui devient sa première épouse le 29 janvier 1934 et avec laquelle il aura trois enfants. Bientôt, cependant, il tombe amoureux de Sylvia Maklès (qui, bien que séparée de Georges Bataille, porte encore son nom). Ils auront leur premier enfant, Judith, en 1942, ce qui décide l'épouse de Lacan à demander le divorce, prononcé vers la fin de la guerre.

Pendant l'Occupation, Lacan suspend toute activité d'enseignement, mais poursuit son activité de psychanalyste privé. Dès le début de l'après-guerre, Lacan prend de l'importance.

Au début des années 1950, les « séances courtes » de Lacan commencent à être vécues comme un problème par l'ensemble de la communauté des psychanalystes (vers la fin de sa vie, Lacan donnera des séances thérapeutiques de quelques minutes à peine). Il reçoit un avertissement concernant ces séances en 1951. Puis il est démis de son titre de président de la SPP.

Daniel Lagache quitte lui aussi la SPP et décide de fonder la Société française de psychanalyse (SFP). Il sera rejoint par Françoise Dolto et Juliette Favez-Boutonnier. Lacan les suit lui aussi. Il n'aura pas été le fondateur de la SFP, comme on vient de le voir.

Malgré ces mésaventures institutionnelles, l'enseignement de Lacan connaît du succès. Aux environs de 1954, il va faire entrer tout à fait le structuralisme dans sa théorie en introduisant des concepts qui deviendront fondamentaux dans son œuvre. Il travaille à une théorie du signe en redécouvrant Saussure, Jakobson et Claude Lévi-Strauss (il citera fréquemment la thèse de ce dernier, « Les structures élémentaires de la parenté »). En 1960, la théorie lacanienne de l'inconscient semble désormais formée dans ses grandes lignes. Elle peut être résumée par la phrase devenue célèbre : « L'inconscient est structuré comme un langage. » À cette époque, la psychanalyse française se résume à être *avec* ou *contre* Lacan. Autant dire que la lutte entre psychanalystes sera très intense. Elle conduit d'ailleurs à l'éclatement de la SFP, à la naissance de l'Association psychanalytique de France (1964) et, pour les lacaniens fidèles, de l'École française de psychanalyse, autrement dit l'École freudienne de Paris.

À soixante-trois ans, Lacan, poussé par ces événements, doit donc fonder sa propre école, qui connaîtra un succès fulgurant. La publication des *Écrits* (1966) lui apporte la célébrité. Son nom est cité à côté de ceux des structuralistes Claude Lévi-Strauss, Roland Barthes et Michel Foucault. Cette renommée amène énormément de jeunes psychanalystes et étudiants à l'EFP.

Peu après, Lacan opère un nouveau tournant vers les sciences exactes et la mathématique.

Par ailleurs, dans sa pratique d'analyste, il se met à demander à un patient de venir trois fois pour trois séances éclairs de quelques minutes dans la même journée, ou au contraire le garder une heure entière. Il reçoit à son cabinet un flot continuel de clients.

Lacan, cependant, se montre de plus en plus fatigué. Il délègue fréquemment la gestion des affaires de l'école à son gendre, Jacques-Alain Miller. L'EFP, seule école fondée par Lacan, est dissoute.

Atteint d'un cancer, il refuse de se soigner et s'enferme dans un mutisme. Le 9 septembre 1981, il meurt des suites d'une insuffisance rénale.

Approches de Lacan

« L'inconscient est structuré comme un langage »

Lacan a repris les recherches effectuées par Freud, en ajoutant une lecture structuraliste de son œuvre, c'est-à-dire en utilisant les outils de la linguistique. Son enseignement débute sur la volonté d'un retour à l'initiateur de la psychanalyse, ce qui suppose qu'il considérait qu'il y avait la nécessité de le retrouver. Cela montrait aussi une remise en cause des psychanalystes et des théoriciens de la psychanalyse de son époque.

La pensée de Lacan pourrait être définie selon :

– la théorie du désir : l'essence de l'homme est le désir ;

– la théorie du langage : c'est par le langage que l'on accède à l'inconscient ;

– la théorie structurale : le langage répond à des logiques internes (structure).

Lacan avance la théorie des trois ordres : Réel, Symbolique, Imaginaire. Il s'appuie sur ses réflexions concernant la nature de l'humain, qui est un être parlant. Il va nommer cet être parlant le *parlêtre*. Apprendre le langage nous coupe du monde : ainsi naît le *Réel*, qui est ce qui ne peut être nommé, ce qui ne relève pas du langage. Le langage organise le monde, ce que Lacan appelle le *Symbolique*. La manière dont le sujet se perçoit par l'intermédiaire des autres et du langage sera désignée comme l'*Imaginaire*.

Primauté du phallus

La primauté du phallus parmi les autres signifiants décrits par Lacan a été très vivement critiquée mais, au fil du temps, cette notion a été revisitée et pour ainsi dire intégrée. En effet, Lacan, pour montrer la différence entre les sexes, affirmait que les hommes *croient avoir* le phallus et que les femmes *croient en manquer*. Mais il précisait aussi que nul ne le *possède* et que tous le *désirent*.

La masculinité, selon Lacan, est le fait de croire posséder le phallus, et la féminité la croyance au manque de phallus (qu'il faut, d'ailleurs, distinguer du pénis).

Le rêve est le « gardien du sommeil »

Lacan confirme et prolonge la thèse de Freud selon laquelle le rêve calme les tensions en réalisant les désirs inconscients durant le sommeil. Le travail du rêve est précisé comme une « écriture », visant la jouissance du rêveur. Le rêve sert à continuer à dormir. D'une façon plus large, il permet de transformer les points traumatiques du réel. L'approche lacanienne prolonge l'approche freudienne ; elle implique la dimension de l'Autre dans le désir du rêveur. Cette approche montre aussi comment l'élaboration du rêve tourne autour d'une écriture du sexe sans jamais y parvenir tout à fait.

Le stade du miroir

C'est le psychologue Henry Wallon qui est le créateur de ce terme et qui a relevé l'importance du miroir dans la construction psychologique de l'enfant (*Les Origines du caractère chez l'enfant*). Il montre que l'enfant est amené à se servir de l'image extériorisée par le miroir pour unifier son corps.

Un autre auteur, René Zazzo, va décrire quatre étapes :

1- Reconnaissance de l'image de « l'autre » ;

2- L'enfant prend son image pour un autre enfant ;

3- L'enfant ressent un malaise devant son reflet, il s'en détourne ;

4- L'enfant s'identifie à son image.

Jacques Lacan va s'appuyer sur les observations de Wallon et il va réutiliser l'expression « stade du miroir ». Pour lui, le « sujet » ne peut se former que par la présence de « l'autre », l'autre est utile pour se constituer : avec « l'autre », l'enfant peut comprendre la différence entre le *Je*, qui voit son image et qui s'identifie à celle-ci, et le *Moi*, l'image à laquelle l'enfant s'identifie.

L'enfant a déjà connu, dans l'angoisse, la séparation d'avec sa mère ; le stade du miroir va lui permettre la prise de conscience de son unité corporelle car il aura du plaisir à contempler son image dans le miroir. Pour Lacan, l'enfant connaîtra un moment de jubilation. Françoise Dolto, va montrer une différence avec Lacan à ce propos en ce sens, entre autres, qu'elle affirme que l'enfant souffre et non pas jubile de se voir de cette façon. Lacan va aussi montrer l'importance prise par le regard ; celui du parent qui tient l'enfant et lui dit « regarde, c'est toi » et le sien propre. Et aussi que ce stade du miroir constitue une constante tout au long de l'existence, puisqu'il s'agit d'une aliénation à une image et donc à un processus d'identification.

D'autres psychanalystes, tels que Mélanie Klein, vont approfondir et même se démarquer de cette analyse, mais là n'est pas notre propos.

TROISIÈME PARTIE

Le dictionnaire

A

Abandon

Par compensation, cette angoisse se transforme en besoin impératif d'avoir des amis et même de les dominer, de les accaparer. Ou bien de refuser au contraire tout lien social, refuser de s'attacher. On va craindre aussi d'abandonner les autres, pour ne pas être soi-même abandonné.

Abîme

Lorsque l'on rêve qu'on se trouve face à un abîme, la peur de tomber est évidente. Cela peut signifier soit une introspection, soit que l'on cherche (ou que l'on redoute) de connaître les parties refoulées que l'on porte en soi.
Si le même rêve se reproduit, cela peut laisser apparaître une dépression ou une angoisse récurrente.
L'abîme peut aussi représenter l'image du ventre maternel.

Abri

Tout abri, tel un récipient, un coffre, une armoire, une boîte, même une caverne est un symbole maternel (le ventre).
Le rêve où l'on se cache dans une armoire rejoint les jeux d'enfants et exprime cette idée de se réfugier au centre de la chaleur maternelle.
Si, en revanche, on y est prisonnier et que l'on étouffe, cela révèle le sentiment d'un étouffement lié à une présence féminine (épouse, maîtresse ou mère).

Acrobates

L'idée liée aux acrobates c'est que l'un est totalement solidaire de l'autre dans leurs jeux. Il va donc s'agir de cette sensation d'avoir trouvé l'âme sœur.

Acteur

Un rêveur qui jouerait dans un film serait en train de chercher à habiller de séduction des pulsions inconscientes : adultère, trahison, inceste – et même homicide !... Il y a dans ce jeu d'acteur le désir de se distancer de ce que l'on joue avec une sorte de mise en garde par rapport aux conséquences dans la vie réelle.

Adultère

Si le rêveur est infidèle à son conjoint en rêve, cela indique qu'il connaît du retard ou des frustrations dans ses projets, un but qui ne s'est pas réalisé.

Agression

Si le rêveur ou la rêveuse se bat avec une amie ou un ami, cela signifie paradoxalement qu'il se sent – ou qu'elle se sent – plus proche de lui ou d'elle, un peu comme, enfant, dans la cour de récréation, le petit garçon tirait les tresses de la petite fille dont il était obscurément amoureux.

Aigle
Il peut symboliser l'oiseau solaire et tout l'aspect positif que cela comporte, c'est-à-dire l'accomplissement de soi-même. Il sera symbole de noblesse, mais aussi d'un complexe de supériorité avec envie de dominer et d'avoir du pouvoir.
Mais, s'il est blessé ou chassé, il signifiera l'angoisse de la castration (voir ce mot).

Aiguille
Voir le terme « Épingle ».
Son apparition est souvent liée à une difficulté qui torture. C'est un symbole érotique féminin et masculin, souvent associé, selon le contexte du rêve, à des contrariétés.

Amande
La forme de l'amande est symbolique du sexe féminin. D'ailleurs, les fruits à coque que l'on doit ouvrir sont généralement le symbole du sexe féminin. En effet, il y a un secret à découvrir, un trésor à trouver.

Amiral
S'imaginer dans le rôle de ce gradé est souvent le besoin de s'imposer dans une relation sexuelle.

Amputation
C'est une angoisse de mutilation, de castration, bien évidemment. Cela peut représenter une peur de l'impuissance (pas forcément sexuelle, au demeurant) : on se sent démuni, réduit à une humiliation.

Anesthésie
Il s'agit du besoin de faire taire une douleur affective violente. Voir aussi le terme « Hôpital ».

Ange
Rêver des anges peut montrer un désir d'élévation avec un refus de la condition humaine, une fuite des réalités, une aspiration à une pureté impossible. Mais on peut aussi y voir une idée d'androgynie ou d'homosexualité latente, puisque les anges n'ont pas de sexe.

Angoisse
Les besoins et les désirs sexuels ont une place importante dans les rêves qui expriment une angoisse ; il s'agit souvent de refoulement, souvent lié à une situation œdipienne.
La puberté connaît énormément de rêves d'angoisse, car c'est un temps de grands chambardements affectifs et sexuels, qui se compliquent de la peur de l'avenir (vie d'adulte qu'on va devoir affronter), la peur et le désir mêlés de quitter le cercle familial, etc.

Animaux
Ils symbolisent surtout les instincts et les forces vitales, parfois les forces refoulées. Ils sont des projections de nous-mêmes et de nos passions, angoisses et peurs.

De façon générale, l'animal symbolise une menace. Plus l'animal est sauvage, féroce ou agressif, et plus grand est le danger. Si au contraire l'animal est inoffensif et domestiqué, il symbolise quelque chose qui manque à la rêveuse ou au rêveur et que celle-ci ou celui-ci aimerait retrouver.
Si la bête (ou les bêtes) présente est sauvage, on peut penser à une excitation sexuelle.

Anneau

On pense évidemment à l'anneau de mariage. Il s'agit d'un constat de fidélité et d'attachement, soit qui se réalise, soit que l'on désire réaliser. Il permet aussi de penser à une fidélité face à soi-même, à la réalisation d'une unité personnelle.
On trouve aussi l'idée d'accomplissement.

Araignée

Cet animal (voir ce mot) symbolise la femme « fatale », celle qui fascine jusqu'à la mort. Elle sera ensorcelante et destructrice. L'homme qui en rêve possède certainement une *Anima* négative. Elle peut aussi représenter la mère.
Une toile d'araignée marquera une profonde incertitude à l'égard des relations intimes en général, ainsi que la nécessité de s'extraire de la confusion sentimentale vécue.

Arbre

Il est le symbole universel de la permanence, de la vie. Il peut vouloir dire l'éternité et la relation entre le sol et le ciel. Parfois protecteur car très feuillu, il va représenter l'abri, la protection (la mère). Que l'on songe à ce début de texte de Guy de Maupassant : « 8 mai – Quelle journée admirable ! J'ai passé toute la matinée étendu sur l'herbe, devant ma maison, sous l'énorme platane qui la couvre, l'abrite et l'ombrage tout entière » (*Le Horla*).
Comme on le voit dressé, il est le signe de la puissance virile, du masculin, du père.
Si l'on tombe de l'arbre, on pense à la peur de l'impuissance. Idem si on le voit avec les branches pendantes ou arrachées.
Si l'on abat un arbre, surtout à la période de l'adolescence, il s'agira d'un rêve lié au complexe d'Œdipe.
Le tronc dressé va représenter la partie visible de nous-mêmes.
Pour une femme, rêver d'un arbre décharné signifiera certainement l'idée de stérilité ou même de frigidité, parfois.
Ainsi, l'arbre représente presque toujours l'image que l'on se fait de sa propre vie sexuelle.

Arc

Avec ses flèches, l'arc marque une tension avec laquelle le rêveur contient ses désirs inconscients. En tant qu'arme de projection et de pénétration, les flèches représentent une valeur phallique. (Voir le mot « Armes ».)

Armes

Ce sont des symboles phalliques, surtout lorsque le rêve d'armes est associé avec l'idée de troupe armée. Cela révèle des conflits affectifs au sein de sa propre personnalité. Avec les armes, on perce les corps, on égorge.
Cela peut représenter la violence du père.
C'est l'image du viol aussi (pas nécessairement sexuel, mais concernant toute sa personnalité) ou, en tout cas, la violence inhérente à la sexualité masculine, notamment pour la femme.
Au cas où les armes sont enrayées : il y a là une angoisse par rapport aux performances sexuelles.

Artillerie

La puissance de feu des missiles est un symbole phallique. Le canon est aussi un symbole de ce type. L'artillerie peut aussi symboliser les obstacles qui gênent nos aspirations. Quels sont ces *gros calibres* qui nous barrent la route (surtout pour les femmes qui exercent des métiers dits masculins) ?

Ascenseur

C'est le fait de monter ou de descendre (voir ces termes). Cela peut prendre une connotation sexuelle, avec une valeur effrayante ou excitante parce que l'on y est entièrement passif.

Assortiment d'épices

Associé à l'idée de cuisine (voir ce terme), cela dénote un désir latent de piment dans les relations (notamment sexuelles).

Asphyxie

Le rêveur se sent menacé par cette asphyxie. Cela signifie qu'il ressent le besoin sans doute de changer de vie au moins pour un moment.
On peut y voir aussi la présence dans son environnement d'une ou de plusieurs personnes qui exercent un effet négatif sur lui.

Assassinat

Si le rêveur tue quelqu'un, c'est l'expression de sentiments hostiles et refoulés. Mais s'il en est la victime, cela sera le symbole d'une agitation intérieure et de sensation de persécution, notamment dans le milieu professionnel, mais aussi dans le cadre des relations intimes.

Avion

Voilà qui exprime un net besoin d'évasion ; à moins qu'il ne s'agisse de désirs irréalisables. Par exemple, si le rêveur ou la rêveuse vit en couple, cela pourra être un désir d'infidélité.

B

Bague
Depuis des siècles, la bague symbolise l'union ; elle est la marque d'une association qui se veut bénéfique.
Si elle est brisée, ou si on la brise, elle symbolisera la trahison.

Balançoire
On peut voir dans le mouvement pendulaire une connotation sexuelle, surtout si quelqu'un pousse la balançoire. Celui ou celle qui pousse le rêveur ou qui est poussé(e) est certainement l'objet du désir.

Baleine
Est-ce un souvenir de Jonas, ce personnage biblique ? En tout cas, on peut voir dans cet énorme animal (voir ce mot), au demeurant souvent considéré comme sympathique, l'image de l'utérus, ou du ventre maternel, protecteur. Cela peut conduire à des interprétations qui vont mettre en cause l'idée d'inceste.

Balise
Voir « Phare ».

Banane
Image ostensiblement phallique. La représentation dans les films érotiques ou pornographiques entérine cette idée, avec son corollaire, peler une banane, geste qui a une forte charge érotique dans un rêve.

Bateau
Que l'on soit en bateau ou en barque, l'idée est souvent reliée à la pensée maternelle (on est protégé).
En tant que symbole phallique, la dimension du bateau renseigne sur l'intensité des préoccupations quant à l'acte amoureux.
Un bateau secoué par les vagues sur une mer (voir ce terme) démontée pourra indiquer que la sexualité du rêveur traverse une phase de turbulences. Un bateau qui coule sera le symbole d'un amour qui court à sa perte ; cela signifiera un échec, ou la peur d'un échec, d'une frustration, d'une castration.
Cela a un rapport aussi avec la traversée (voir ce mot), avec l'aventure, la conquête.
Enfin, l'effort physique de ramer ou de pagayer pourra être le symbole de la masturbation.

Bâton
Il est phallique (il rejoint souvent les armes, voir ce mot). Il soutient la marche et permet de se défendre.
Il peut aussi servir à attaquer. C'est donc un instrument qui est relié à une idée de pouvoir, de force. C'est l'autorité du père.
Ainsi, en tant que symbole sexuel, on peut faire un rêve où le bâton se brise lorsque l'on se bat, ou se réduit

en taille. Cela signifiera certainement un conflit avec la plus grande force attribuée au père.

Bec

C'est une sorte de symbole phallique, qui peut éventrer, être le signe de la castration.

Beffroi

C'est une tour, avec son image du courage viril et de l'épanouissement affectif.

Berceau

Si le rêveur se met – ou se trouve – dans un berceau avec quelqu'un, cela devrait symboliser le mariage.

Biche

C'est avant tout un symbole féminin. Il s'agit d'une féminité gracieuse, innocente, fragile aussi, qui n'a pas acquis la puissance de la femme mûre (voire « Mère »), qui est sujette à un infantilisme psychologique. On peut se souvenir à ce propos de la chanson de Jacques Brel, « Les biches », sachant combien les thèmes chez cet auteur-compositeur ont toujours été profondément et intensément fantasmatiques.

Blanc

Rêver en couleurs est fréquent pour certaines personnes, plus rare chez d'autres. Dans les rêves, elles indiquent la force des sentiments et de la vitalité. Elles concernent la vie psychologique, les aspirations métaphysiques. Lorsqu'un seul des éléments du rêve est en couleurs, il faut conjuguer le sens de cet élément avec celui de sa couleur. Le blanc, on le sait, n'est pas réellement une couleur. Aussi faudra-t-il considérer s'il se place dans un rêve en couleur ou dans un rêve en noir et blanc.

Rêver en blanc et noir situerait la préoccupation du rêveur plutôt dans un contexte quotidien, réaliste, concret.

L'idée de blanc, dans nos contrées, recouvre l'idée de virginité et de pureté. On sait que, dans les pays orientaux, le blanc est la couleur du deuil. (Voir aussi « Couleur ».)

Blessures

Soit qu'on produise les blessures, soit qu'on les subisse, elles évoquent des rêves d'angoisse, de frustration et de castration. Elles peuvent, si elles prennent la forme de profondes entailles dans la chair, symboliser le sexe de la femme. En tout cas, elles montrent souvent une peur de violences sexuelles.

Selon Freud, une blessure est un symbole sexuel féminin. Dans ce sens, voir des blessures symbolise, pour une femme, la peur de perdre sa virginité. Dans un contexte plus large, cela indique la peur d'être contaminé par une maladie.

Bouc

Il est le symbole de la sexualité épanouie, à la fois dans les traditions et dans les rêves. Un bouc écorché est un symbole positif.

Mais il faut se souvenir aussi du « bouc émissaire ». D'origine religieuse, l'expression désigne, en langage courant, celui ou celle qui doit endosser un comportement social que le groupe souhaite évacuer. Cette personne est alors exclue du groupe, au sens propre ou figuré, parfois punie ou condamnée en tant que victime expiatoire.

Ce terme de bouc émissaire correspond à l'origine au rite expiatoire annuel des Hébreux, durant lequel le grand prêtre devait prendre deux boucs puis les tirer au sort. L'un était directement sacrifié à Dieu, tandis que l'autre était envoyé dans le désert vers Azazel, une colline du haut de laquelle le bouc chutait.

C'est ce deuxième bouc qui est appelé *bouc émissaire*, du latin ecclésiastique *caper emissarius* (le bouc envoyé, lâché) : « Aaron lui posera les deux mains sur la tête et confessera à sa charge toutes les fautes des Israélites, toutes leurs transgressions et tous leurs péchés. Après en avoir ainsi chargé la tête du bouc, il l'enverra au désert sous la conduite d'un homme qui se tiendra prêt, et le bouc emportera sur lui toutes leurs fautes en un lieu aride » (Lévitique, XVI, 21-22). Cette idée de sacrifice sera reprise dans le Nouveau Testament, où Jésus sera présenté comme l'agneau immolé.

Alors, le rêveur peut prendre la version du bouc chargé d'énergie négative, sacrifié par les autres ou de sauveur incompris.

Bouche

Peut apparaître comme un substitut du vagin ; elle peut montrer un désir de fellation. La bouche a souvent un rapport avec la sexualité, parce qu'elle représente aussi le sens du goûter et de l'avalement. Elle est très présente dans l'univers des images érotiques de la publicité par exemple (avec le rouge à lèvres ou les dents). Il est donc évident qu'elle jouera un rôle érotique dans les rêves.

Boue

La sensation de s'enfoncer dans la boue peut vouloir dire que l'on est englouti par le sentiment de ses propres insuffisances ou défauts.

Certains y voient aussi l'image de la femme étouffante, car elle engloutit, elle dévore ; cela peut être une mère abusive comme une épouse contraignante.

En tout cas, c'est bien le signe d'une mauvaise relation. Il n'est pas étonnant que certains spectacles érotiques imaginés par les hommes montrent des femmes se battant dans la boue.

Bouilloire
Peut avoir un rapport avec les passions bouillonnantes. On peut comprendre comme érotique l'idée de l'eau qui va jaillir après ébullition.

Bras
Cette partie particulièrement active du corps humain est un symbole phallique qui représente la force, le pouvoir, la protection. C'est avec le bras qu'on frappe, qu'on porte un bâton, une arme ou le sceptre du pouvoir. Rappelons-nous les expressions *bras droit*, ou *bras de justice.*

Brimades
Imposer des brimades, dans les rêves, c'est révéler un désir de dominer. En être victime, c'est redouter d'être dominé.

Selon Freud lui-même, si l'on voit une brouette dans son rêve, cela peut n'être qu'une brouette.

Bruyère
En rêve, elle est assimilée aux poils pubiens féminins, et dénoterait une envie de faire l'amour. Serait-ce à rapprocher du poème d'Apollinaire, ce grand amoureux : « J'ai cueilli ce brin de bruyère… » (« L'adieu ») ? En tout cas, la littérature la cite, liée à la Vénus Érycine qui, à Rome et en Sicile, régissait les passions amoureuses.

Brouillard
Ce symbole suggère le doute. Mais il s'agit parfois du désir d'être aimé par une personne.

But
Pour le rêveur, marquer un but (souvent au football, mais le sport peut changer) symbolise l'orgasme, alors que manquer un but de peu est l'expression de l'impuissance.

C

Carrefour
Lorsque le rêveur se trouve à un carrefour, c'est qu'il va devoir changer d'itinéraire, que d'autres voies s'offrent à lui (ou qu'il souhaite que ces voies s'offrent à lui). Cela induit, dans le vocabulaire amoureux, la possibilité ou le désir d'un nouveau partenaire.

Castration
La castration est un terme employé pour tout ce qui porte atteinte à la paix, à l'intégrité, au bonheur et à la liberté de l'être, que ce soit sur le plan physiologique ou sur le plan affectif. Dans les rêves, elle apparaît accompagnée, bien sûr, d'angoisse : membre arraché, dents qui se déchaussent ou qui tombent, perte des cheveux ou même un pneu de son automobile qui crève ou ballon qui se dégonfle.

Catastrophe

Ce sont des rêves d'angoisse qui révèlent un profond bouleversement dans la vie affective, un sentiment de peur et d'impuissance. Le rêveur sent qu'il perd ses forces, que quelque chose se brise en lui. Il faut prendre garde à ce genre de rêves car ils peuvent révéler une dépression. S'il s'agit d'une catastrophe dite catastrophe naturelle, cela peut prendre le sens de perte de contrôle de soi.

Cave

Voir « Maison ». La cave représente l'intérieur profond du rêveur ; il va s'enfoncer en lui-même. Il faut y *descendre*, ce qui signifie un mouvement volontaire de recherche de son secret.

Cécité

Rêve très angoissant, la perte de la vue est une peur de la castration (chez Freud). Rappelons que le personnage mythologique Œdipe a eu recours à cette autocastration : il s'est crevé les yeux après avoir tué son père et couché avec sa mère (voir l'encadré p. 43).

Cercle

On ne sera pas étonné de considérer que le cercle, par sa forme et son ouverture, soit une représentation du vagin.

Cercueil

S'il n'est pas vécu dans une idée de mort réelle et compréhensible comme telle, le cercueil peut représenter le sexe féminin (interprétation freudienne), grâce à la forme de coffre. Il faudra là aussi, évidemment, bien considérer les connotations associées pour comprendre un tel rêve. La sexualité liée à un tel symbole peut montrer du regret ou de la peur.

Chaise

Si l'assise est confortable, cela traduit le degré d'aise que le rêveur ressent avec sa partenaire sexuelle.
Si, au contraire, il s'agit d'une chaise cassée ou qui s'effondre sous le poids de celui qui s'assoit, alors on peut songer à la fin d'une relation sexuelle.

Chambre

La chambre est un symbole féminin, comme tout endroit qui enclot. Elle peut signifier la maternité, le ventre maternel ou le mariage.
Si elle apparaît dans un rêve qu'on sent lié à la sexualité, il faudra se rappeler si la porte de la chambre était ouverte ou fermée. Ouverte, cela exprimera l'idée d'acceptation de cette sexualité ; fermée, ce sera le refus de l'acte sexuel.
S'il s'agit spécifiquement d'une chambre à coucher, il faut considérer que c'est le lieu le plus intime de la

maison, qui donne des indications sur les pensées et les sentiments les plus intimes. Si le rêveur voit un ou des étrangers dans sa chambre à coucher, cela symbolise une trahison.

Chameau

Le balancement de la démarche de cet animal placide fait penser à l'acte sexuel. Comme il est aussi exotique, il peut renvoyer aux vacances et au soleil – autant de paramètres qui vont l'associer au plaisir. On ne peut évidemment pas écarter l'idée inverse, plus désagréable, d'insulte. On dit de certaines personnes qu'elles sont ou qu'elles se conduisent *comme des chameaux* pour montrer leur aspect désagréable. Là encore, ce sont les connotations associées au rêve qui vont indiquer le sens au rêveur (ou à la rêveuse).

Changement de sexe

Ce n'est sans doute pas pour rien qu'Apollinaire, à la fois grand amoureux et grand amateur d'érotisme, a écrit *Les Mamelles de Tirésias.*

L'un des mythes concernant Tirésias nous vient d'Ovide : alors que Tirésias, devin grec, se promenait en forêt, il troubla de son bâton l'accouplement de deux serpents. Aussitôt, il fut transformé en femme. Tirésias resta sous cette apparence pendant sept ans. La huitième année, il revit les mêmes serpents s'accoupler. Il les frappa une seconde fois (*Métamorphoses*, III, 316-338). Et, ainsi, Tirésias redevint un homme. Quand Zeus prétendit que la femme prenait plus de plaisir que l'homme à l'acte sexuel et que son épouse Héra défendit le contraire, les dieux demandèrent l'avis de Tirésias qui avait l'expérience des deux sexes. Tirésias se rangea de l'avis de Zeus. En 1917, Apollinaire, dans *Les Mamelles de Tirésias*, en fait un personnage de son époque : une femme qui, lasse de sa condition, se transforme en homme et quitte son foyer. Le mari, de son côté, accouche de 40 049 enfants !

Ainsi, le désir, la crainte, dans le rêve, de changer de sexe apparaît comme un jeu de frustration ou de curiosité. Cela a aussi un rapport avec l'*Anima* et l'*Animus* (voir ces termes, p. 56 et 60) qui seraient à cultiver.

Chasse

Rêver de chasse est essentiellement masculin. Le chasseur (le rêveur) a besoin de dépasser un manque affectif, puisqu'il va tâcher de surprendre et d'atteindre son gibier (la femme) avec son arme (voir ce mot). Cette connotation sexuelle peut se doubler d'un aspect sadique chez l'homme si l'animal chassé apparaît faible, telle une biche. Attention, c'est paraît-il un rêve fréquent chez les auteurs de crimes sexuels.

Il est possible aussi qu'il s'agisse d'un rêve de vengeance envers une

femme en particulier ou la femme en général.
On peut aussi concevoir des tendances homosexuelles chez la femme qui rêve de chasse.

Chat

Animal qui peut faire penser aussi bien à des aspects positifs (chaleur, poils doux, caresses) qu'à des aspects négatifs (hypocrisie, fuite). Ce symbolisme fortement contradictoire rejaillit forcément dans les rêves et correspondra à ce que le rêveur/la rêveuse projette sur le chat.
Le chat est un animal indépendant, symbole de l'infidélité et du libertinage. Voir un chat en rêve peut signifier que le rêveur ou la rêveuse est tenté(e) par une liaison extra-conjugale, ou qu'il ou elle craint d'être trompé(e). Si le rêveur tue un chat, cela indique qu'il a réussi à éviter un piège. Une bagarre entre deux chats annonce un conflit prochain. Caresser un chat symbolise une bonne complicité érotique avec son ou sa partenaire.
En tout cas, il est très souvent associé à la femme, à la féminité et à des sensations sexuelles.

Chaussures

Il faut savoir de quelle chaussure il est question, et dans quel état elle est. Des chaussures neuves indiqueront certainement que les projets fixés sont en bonne voie. Au contraire, des chaussures sales et/ou qui nous font mal indiqueront la peur qu'un de nos secrets importants soit révélé.
Si les chaussures sont à talons hauts, s'il s'agit de bottes féminines, elles suggéreront une tendance au fétichisme et/ou des tendances sadomasochistes.

Chemin

Prendre un chemin en pente signifie avoir un désir de rapports sexuels (essentiellement dans la perspective freudienne).

Cheminée

Si on la perçoit de l'extérieur ou de l'intérieur, le symbolisme va varier. D'un côté, elle sera à relier au terme « Maison ». Mais si l'on considère le conduit de la cheminée, on se trouve confronté à une image pleine de références à la sexualité.

Chêne

Voir « Arbre ». C'est un puissant symbole du sexe masculin. Figure paternelle encourageante et rassurante.

Cheval

Il est l'image même de l'instinct, le symbole de la vigueur et de l'énergie sexuelle. Capricieux, imprévisible, il peut être dompté ou être monté par de grands cavaliers. Dans ce cas, l'homme et la bête sont souvent unis harmonieusement. C'est le

signe d'une maîtrise, une projection d'une complicité. Et un puissant symbole sexuel, surtout lorsqu'on le rêve monté.
S'il y a course de chevaux, le rêveur a affaire à un acte sexuel symbolisé, surtout s'il existe une victoire au bout. S'il cravache son cheval, on peut déceler des pulsions sadomasochistes. Enfin, s'il se contente de regarder une course, il peut s'agir de voyeurisme.
Chez les femmes surtout, il symbolise un état d'excitation.

Chevelure

Symbole féminin, la chevelure que le rêveur caresse ou qui caresse le rêveur ; symbole aussi de puissance (voir « Cheveux »). (Voir le mythe de Samson.)

L'histoire de Samson et de Dalila

Puis Samson se rendit à Gaza ; il y vit une prostituée et il entra chez elle. On fit savoir aux gens de Gaza : « Samson est venu ici. »
Ils firent des rondes et le guettèrent toute la nuit à la porte de la ville. Toute la nuit ils se tinrent tranquilles. « Attendons, disaient-ils, jusqu'au point du jour, et nous le tuerons. »
Mais Samson resta couché jusqu'au milieu de la nuit et, au milieu de la nuit, se levant, il saisit les battants de la porte de la ville, ainsi que les deux montants, il les arracha avec la barre et, les chargeant sur ses épaules, il les porta jusqu'au sommet de la montagne qui est en face d'Hébron.
Après cela il s'éprit d'une femme de la vallée de Soreq qui se nommait Dalila.
Les princes des Philistins allèrent la trouver et lui dirent : « Séduis-le et sache d'où vient sa grande force, par quel moyen nous pourrions nous rendre maîtres de lui et le lier pour le maîtriser. Quant à nous, nous te donnerons chacun onze cents sicles d'argent. »
Dalila dit à Samson : « Apprends-moi, je te prie, d'où vient ta grande force et avec quoi il faudrait te lier pour te maîtriser. »
[Samson tente plusieurs stratagèmes pour ne pas répondre. Dalila le trahit plusieurs fois mais échoue.]
Dalila lui dit : « Comment peux-tu dire que tu m'aimes, alors que ton cœur n'est pas avec moi ? Voilà trois fois que tu te joues de moi et tu ne m'as pas fait connaître d'où vient ta grande force. »

Comme tous les jours elle le poussait à bout par ses paroles et qu'elle le harcelait, il fut excédé à en mourir.
Il lui ouvrit tout son cœur : « Le rasoir n'a jamais passé sur ma tête, lui dit-il, car je suis nazir de Dieu depuis le sein de ma mère. Si on me rasait, alors ma force se retirerait de moi, je perdrais ma vigueur et je deviendrais comme tous les hommes. »
Dalila comprit alors qu'il lui avait ouvert tout son cœur, elle fit appeler les princes des Philistins et leur dit : « Venez cette fois, car il m'a ouvert tout son cœur. »
Et les princes des Philistins vinrent chez elle, l'argent en main. Elle endormit Samson sur ses genoux, appela un homme et lui fit raser les sept tresses des cheveux de sa tête. Ainsi elle commença à le dominer et sa force se retira de lui.
Elle cria : « Les Philistins sur toi, Samson ! »
S'éveillant de son sommeil, il se dit : « J'en sortirai comme les autres fois et je me dégagerai. » Mais il ne savait pas que Yahvé s'était retiré de lui.
Les Philistins se saisirent de lui, ils lui crevèrent les yeux et le firent descendre à Gaza. Ils l'enchaînèrent avec une double chaîne d'airain et il tournait la meule dans la prison. Cependant, après qu'elle eut été rasée, la chevelure se mit à repousser.
[Condamné, Samson va demander à son Dieu de lui donner une ultime fois assez de force pour qu'il se venge de la crevaison de ses deux yeux.]
Et Samson tâta les deux colonnes du milieu sur lesquelles reposait l'édifice, il s'arc-bouta contre elles, contre l'une avec son bras droit, contre l'autre avec son bras gauche, et il s'écria : « Que je meure avec les Philistins ! »
Il poussa de toutes ses forces et l'édifice s'écroula sur les princes et sur tout le peuple qui se trouvait là. Ceux qu'il fit mourir en mourant furent plus nombreux que ceux qu'il avait fait mourir pendant sa vie.
Ses frères et toute la maison de son père descendirent et l'emportèrent. Ils remontèrent et l'ensevelirent entre Çoréa et Eshtaol dans le tombeau de Manoah son père. Il avait jugé Israël pendant vingt ans (Juges, 16, 4-21).

Cheveux

Ils sont chargés d'un symbolisme universel, synonyme de force virile ou de pouvoir actif (qu'on se souvienne de Samson et Dalila : toute la force de Samson était liée à ses cheveux. Nous noterons ici que les Philistins crevèrent les yeux à Samson, ce qui rapproche la fin de ce héros de celle d'Œdipe).

C'est aussi un symbole sexuel chez la femme, car ils représentent un moyen d'attraction, de séduction.

On peut voir, dans le fait de se laver les cheveux pendant un rêve, le désir de se défaire d'un partenaire.

Rêver que ses cheveux tombent est fréquent. Chez les hommes, il symbolise leur peur de ne pas être à la hauteur sur le plan sexuel. Chez les femmes, la peur de vieillir en général et la peur de la ménopause en particulier.

Chien

Cet animal (voir ce mot) est un symbole d'agressivité et des plus bas instincts ; c'est en fait un symbole du Moi profond.

Selon l'attitude du chien, il nous suggérera notre état d'esprit du moment. Si les poils du chien sont longs, il s'agira de fidélité ; si un chien aboie, il est symbole de peur et d'ingratitude ; s'il y a un chien enragé, il symbolisera des craintes. Un chien qui court symbolise quelque chose que l'on a perdu.

Choix

Parfois, dans le rêve, le rêveur est amené à choisir. Souvent, ce sont des choix qui s'avèrent difficiles, voire traumatisants (nous ne pouvons pas oublier le cauchemar vécu dans le livre *Le Choix de Sophie*, de William Styron). Sans aller jusqu'à cette extrémité, il peut s'agir de l'obligation de choisir une personne. Cela revient à se demander avec qui divorcer ou rompre.

On peut aussi l'interpréter comme une incertitude latente quant à l'orientation donnée à notre sexualité.

Chute d'eau

Voir « Eau ». La violence de cette cascade peut évoquer particulièrement l'idée d'orgasme.

Cigarette

Le fait de porter ou de voir porter la cigarette à la bouche montre le désir de caresses buccales. Une cigarette qu'on éteint peut traduire la fin d'une histoire d'amour. Cependant, depuis l'interdiction récente de la cigarette dans les lieux publics, rêver d'une cigarette peut n'être que rêver d'une cigarette, braver l'interdit, retrouver le goût de son *vice*.

Ciseaux

Cela peut être une arme (voir ce terme). On pourra aussi se les représenter comme l'image explicite des

deux sexes, selon que l'objet est ouvert ou fermé.
On peut aussi en avoir peur, à cause de l'idée de castration.

Clé

Elle peut correspondre ou ne pas correspondre à la serrure. Elle peut ouvrir ou fermer.
Dans l'idée de possibilité d'ouverture, il y a aussi celle de pénétration ; elle devient un symbole phallique.

Cloche

Selon le son de cloche, cela représentera la joie ou le deuil. L'idée de mariage (voir ce mot) pressenti peut se présenter.

Clôture

S'il faut l'enjamber, passer pardessus, cela représentera certainement l'acte sexuel. Cela peut évoquer aussi, contradictoirement, l'empêchement, l'interdiction de passer.

Cœur

Le cœur symbolise l'amant(e). Rêver de cœur exprime un besoin d'amour inconditionnel, une grande émotivité.

Coffre-fort

Le sexe de la femme est souvent symbolisé par tout ce qui apparaît comme un endroit clos (voir « Abri »). Dans le cas du coffre-fort, il semble que domine le signe d'une approche rigoureuse ou trop rigide de la sexualité, avec une idée d'avarice, voire de réticence.

Colis

Pour Freud, tout paquet évoque les organes sexuels de la femme. Avec l'idée de colis, on peut aussi trouver celle d'ouverture (ouvrir un cadeau). Bien évidemment, si le rêveur connaît un certain empressement à ouvrir un paquet, cela traduira son excitation, associée à l'exaltation d'un amour neuf.
La crainte d'un engagement sérieux avec une femme apparaît avec l'idée que le paquet à ouvrir contient une bombe.
Le paquet ou le colis symboliseront les surprises et les imprévus. Rêver d'un cadeau inattendu peut être un signe que quelqu'un reconnaît la vraie valeur du rêveur ou de la rêveuse après un abandon ou une rupture.
Si le paquet est vide, ce sera signe de l'inanité de ce qui semble plein de promesses, que l'amour est non payé en retour.

Colonne

Symbole de puissance sexuelle, elle peut aussi indiquer une envie de victoire, d'élévation personnelle. Elle peut aussi symboliser un poids trop important à porter dans sa vie (par exemple, un secret de famille, la culpabilité, une responsabilité trop lourde...).

Voir une colonne s'effondrer est signe d'échec ou de castration. À moins que, à l'instar de Samson, on soit celui qui écarte ou démolit ces colonnes (voir p. 82).

Compétition

Bien que tout, dans notre société, nous formate pour la compétition, il peut y avoir excès dans le désir immodéré de victoire. Cela traduira un besoin excessif de reconnaissance de la part du rêveur, qui se trouve en état d'infériorité.

Concombre

Autant dans les fantasmes marqués dans le cinéma pornographique que dans la réalité onirique, la taille de ce légume donne une idée de l'étendue de votre appétit sexuel (à rapprocher de « Banane »).

Coquillage

La forme, la douceur de la nacre, tout concourt à montrer le sexe de la femme. Vénus sortie des eaux, dans son plus simple appareil, est née d'un coquillage (*La Naissance de Vénus*, de Sandro Botticelli, 1485). Pour ce qui est de la *Vénus anadyomène*, fresque de Pompéi attribuée à Apelle de Cos, non seulement la féminité incarnée navigue sur sa coquille d'une blancheur de nacre, mais la forme de ce coquillage constitue la métaphore de sa vulve, comme sa blancheur celle de l'hymen.

Coucou

Lorsqu'il apparaît dans les rêves, cet oiseau représente la jalousie, l'instinct de possession.

Couleur

Rêver en couleurs est fréquent pour certaines personnes, plus rare chez d'autres. Dans les rêves, les couleurs indiquent la force des sentiments et de la vitalité. Elles concernent la vie psychologique, les aspirations métaphysiques.

En revanche, lorsque les rêves se déroulent en noir et blanc (voir ces termes), ils ont un caractère plus intellectuel ou nostalgique. Ils concernent la vie quotidienne, concrète.

Lorsqu'un seul des éléments du rêve est en couleur, il faut conjuguer le sens de cet élément avec celui de sa couleur.

Coups

En rêve, paradoxalement, les coups sont souvent un signe positif. Qu'on les reçoive ou qu'on les donne, ils symbolisent de bonnes relations, des bénéfices reçus ou offerts à celui qui les reçoit.

Cours d'eau

Le thème de l'eau (voir ce mot) est très riche et fondamental. Avec un cours d'eau, la sexualité semble active, épanouie.

Cravate
Elle symbolise souvent le pénis.

Crème
On peut y voir la semence masculine.

Cri
Le cri est un défoulement ou bien un signe d'alarme. Il montre des surprises, qu'elles soient négatives ou positives. Cela peut être de la peur, de la colère, de la joie. Parfois, le rêveur ou la rêveuse – quel bonheur ! – crieront de jouissance.

Cuisine
Voir « Maison ». La cuisine va porter le symbolisme que l'on perçoit dans l'expression populaire. En effet, « Cuisine », selon Littré, se dit quelquefois des tripotages pour les affaires. Exemple : la cuisine politique. Ainsi, la cuisine du rêve sera le lieu des différentes recettes, des différentes préparations. Elle exprimera donc soit des mutations profondes concernant le rêveur (cuisiner consiste en une recherche d'amour ou d'affection), soit des trucages que l'on prépare.

Cygne
Cet oiseau (voir ce mot) reflète le désir sexuel féminin, la pureté virginale. Il apporte aussi le symbole phallique du long cou (c'est l'oiseau dont Jupiter a pris l'apparence pour séduire et posséder Léda).
On voit, dans le chant du cygne, l'idée d'une rupture amoureuse ou d'un deuil.

D

Danser
S'il s'agit d'une danse rituelle, il va falloir chercher des explications plutôt de type social et même religieux.
Mais la danse est souvent liée à l'idée de corps et de fusion des corps. Cet aspect charnel montre que le rêveur ou la rêveuse veut se sentir bien dans son corps et/ou désire sentir son corps et le corps de l'autre.
Le mouvement de la danse est donc érotique, dans un sens sexuel, ou même dans le sens plus large de plaisir. Danser avec un partenaire est un symbole de désir sexuel.

Dentiste
Selon les adeptes de la pensée jungienne, le dentiste a une relation avec la procréation. Dans le rêve d'arrachage de dents, il est facile de reconnaître la peur de la castration.

Dents
Elles servent à mordre, à arracher, à *prendre la vie à belles dents.* Ainsi, lorsqu'elles se présentent au contraire comme branlantes, arrachées, tombantes ou même cariées, on trouve le signe d'un sentiment

d'impuissance sexuelle ou autre. On se sent nu, dépossédé.
Si le rêveur ou la rêveuse perd ses dents, cela peut symboliser bien sûr une idée de castration, de mort ou de perte, mais cela peut au contraire faire apparaître le passage vers l'âge de raison, l'apparition des responsabilités adultes (chute symbolique des dents de lait).
Chez la rêveuse qui avale ses dents est présent le désir d'avoir un enfant.

Départ

Bien évidemment, l'idée de départ peut être joyeuse : rêve d'évasion ou de libération. Lorsqu'elle est douloureuse, il s'agit de séparation, d'idée de mort. Nous nous détachons de quelqu'un ou quelqu'un se détache de nous. On ressent alors très fort l'angoisse d'être abandonné par la personne qu'on aime.
Inversement, il peut s'agir d'un désir de quitter une personne que l'on commence à sentir asphyxiante ou ne correspondant plus à nos attentes.

Dessiner

Que ce soit avec un crayon ou avec un pinceau, ces deux instruments sont des symboles phalliques. Lorsque le rêveur dessine quelqu'un, c'est qu'il existe l'envie d'avoir des rapports sexuels avec le modèle.

Dévorer (ou se goinfrer)

Voir « Manger ».

Diable

Les histoires de diable, de tout temps, n'impressionnent pas que les enfants. À l'âge adulte, le diable est symbole de tentation : en rêver signifie que nous avons peur de nos faiblesses.
Le diable symbolise parfois aussi le fait d'accepter – de devoir accepter – sa propre fragilité.

Dirigeant

Toute figure de chef, toute figure royale possède un rapport avec l'autorité parentale, notamment l'autorité du père. S'il existe une pratique sexuelle avec une figure royale, c'est que le rêveur ou la rêveuse a besoin d'intimité avec son père ou sa mère.

Disparition

Ce type de rêve indique une désillusion, quel que soit l'objet ou la personne qui disparaît.
Si ce sont les organes sexuels qui disparaissent, cela montre un complexe d'infériorité sur le plan sexuel, implique une idée de castration.

Distributeur

Les rêves suivent notre réalité, prennent en compte les outils et les machines liés à notre siècle. Les distributeurs automatiques ont pris une grande place dans notre quotidien, notamment dans les entreprises.

Ce genre de rêve manifeste un désir de mieux connaître ses collègues. Il peut exprimer un désir sexuel à l'égard de l'un(e) d'entre eux.

Dompteur

Le dompteur a souvent une voix forte (image d'autorité, voire du père). Il possède aussi un fouet. Pour le rêveur ou la rêveuse, cela peut traduire des pulsions sadomasochistes ou, en tout cas, un désir de domination sexuelle.

Drapeau

Un drapeau est composé d'un morceau de tissu et d'une hampe. Il y a là une double représentation du rigide et du doux ou du flottant.
Le tissu peut être assimilé à une valeur féminine, et le bâton qui le soutient à un élément phallique. Il existe ainsi, dans le drapeau, une représentation féminine liée intimement à une représentation masculine. C'est donc un symbole d'unification et de complétude.
On peut constater que planter un drapeau apparaît comme un symbole de victoire, de conquête, voire de possession virile.
En revanche, si le drapeau est en berne, il signifiera une défaite, une grande peine ou une peur de l'impuissance.

E

Eau

Tout ce que représente l'eau dans l'existence concourt à la force de ce symbole dans les rêves. En effet, elle est mouvante ; elle prend la forme qu'on lui donne avec des récipients (lac, piscine, verre d'eau) ; elle est symbole de fertilité, donc de naissance, de richesse. Elle permet de laver, de rafraîchir, de boire, de noyer.
Ainsi, les rêves de traversée (voir ce mot) sont souvent présents, de même que les rêves de nage. Il faut alors bien sentir si l'eau porte le rêveur ou le coule, si elle rassure ou si elle affole.
L'eau peut être rivière ou océan, mare ou fleuve, c'est-à-dire qu'elle va être stagnante ou terriblement mouvante, pure ou salie... On comprend alors que la relation avec l'utérus est évidente. Elle peut être aussi jaillissante, elle aura alors un rapport avec l'idée d'éjaculation.

Éclair

Dans certains rêves, l'éclair va être associé à l'idée d'inspiration. Il n'en demeure pas moins possible que l'on ait rêvé de sperme.

Écrous

Il y a là, souvent associés, des vis, voire un tournevis. Ce sont des symboles évidents d'un rapport sexuel. Le *tournevis*, avec sa forme phallique, est aussi un symbole de sexualité. Alors, le bricolage ne peut-il être une représentation de rapport sexuel ?

Écurie

Est-ce parce que le cheval (voir ce mot) y est enfermé que l'on décrit l'écurie comme un refoulement sexuel ?

Enfant

Rêver d'enfant, c'est rêver d'essentiel. Cependant, dans un rêve, avoir un enfant ne signifie pas forcément vouloir être enceinte, ou souhaiter faire un *vrai* enfant. C'est plus souvent que quelque chose de profond se prépare en nous, rêveuse ou rêveur.
Ou bien, contradictoirement, que quelque chose est en train de disparaître.

Enfer

L'enfer est la partie la plus obscure et la plus négative de notre personnalité, et cela est très ancré dans notre culture judéo-chrétienne. Si le rêve fait comprendre que le rêveur est en « enfer » parce qu'il le « mérite », cela indique un complexe de culpabilité et montre que l'amour-propre du rêveur est au plus bas.

Enlèvement

Le rêveur ou la rêveuse est la victime de l'enlèvement – si il ou elle connaît le ravisseur, alors il y a connotation sexuelle.

Enveloppe

Le rêveur met une lettre dans une enveloppe ? Il y a là clairement un symbole de l'acte sexuel.
En revanche, si l'enveloppe est cachetée, cela signifiera le refus d'une femme, ou symbolisera la virginité.

Épée

L'épée est le symbole phallique par excellence, qui symbolise aussi le désir sexuel.

Épingles

Elles provoquent des images à contenu sexuel (que cela soit par la piqûre ou par la succion de la blessure, ou encore par le fil qu'on passe dans l'aiguille). On perçoit le désir ou la peur des rapports sexuels.
L'épingle à cheveux (voir ce terme) est aussi un symbole du sexe féminin.

Équitation

Enfourcher un cheval (voir le mot), suivre le mouvement rythmé de la monture est une image sans équivoque des rapports sexuels. Si le rêveur ou la rêveuse galope, son excitation érotique est intense ; ses pratiques sexuelles peuvent au contraire être douces, avec le trot ou le pas.

Escalier
Il montre une idée de mouvement vers le haut ou vers le bas. Ce monter/descendre fait parvenir à des endroits qu'il faut analyser eux-mêmes, selon les lieux concernés (voir « Maison »).
On peut considérer le fait de monter un escalier comme l'évolution d'un processus et la quête d'un développement personnel. En tout cas, le geste implique une verticalité qui n'est pas de tout repos. Cela peut créer une angoisse, mais le but atteint peut atténuer cette difficulté.
Le mouvement rythmé de montée ou de descente est considéré par Freud comme un symbole de la pénétration (l'escalier, symbole phallique, à l'intérieur de la cage d'escalier, organes génitaux de la femme). Si les escaliers sont mécaniques, on peut avoir affaire à une insensibilité dans les relations sexuelles.

Escrime
Voir « Armes ». Par sa forme et sa pratique (toucher, percer, opérer des parades), l'escrime est un sport à symbolique sexuelle forte.

Étages
Voir « Maison » et « Escalier ».

Être attaché
Selon que le rêveur est lui-même attaché ou s'il a attaché quelqu'un, le rêve va être bien évidemment interprété différemment : fantasme refoulé de sadomasochisme ou d'esclavage. Il y a volonté de dominer sexuellement (ou professionnellement) celui ou celle que l'on voit attaché(e).

Être relié
À ne pas confondre avec ce qui précède (« Être attaché »). Le besoin d'être relié (que l'on retrouve dans « religion », *religere* en latin) est l'un des plus intenses chez l'être humain, voire le plus intense : se sentir relié, accueilli, en fusion même avec tout ce qui l'entoure.

Éventail
À cause de sa forme, mais aussi parce que ce sont les femmes qui les agitent la plupart du temps – et le mouvement du poignet n'y est pas innocent –, l'éventail est une image forte du sexe de la femme, qui apaise et attise le désir.

Explosion
Image forte qui correspond à l'idée d'orgasme. Cependant, si cela concerne un avion, par exemple, il peut s'agir d'une peur de viol.

F

Faim

La faim, dans les rêves, symbolise une insatisfaction et des désirs inassouvis. Sauf, bien sûr, si le rêveur ou la rêveuse s'aperçoit qu'il s'agit d'une faim nocturne bien réelle qui lui tire l'estomac.

Fée

En rapport avec l'*Anima* (voir ce terme, p. 56), il peut s'agir de pulsions homosexuelles refoulées ou de fantasme d'inceste.

Son aspect protecteur et magique incline à penser à la mère.

Si la fée est vieille, il peut s'agir, comme pour la sorcière (voir ce mot), d'un sentiment, d'une crainte de castration.

Fenêtre

Voir le mot « Maison ».

Pour les tenants des analyses de Freud, il s'agit d'un symbole sexuel féminin. Le rêveur ou la rêveuse devra cependant bien analyser la place que cette fenêtre occupe, sur quoi elle s'ouvre ou se ferme, si elle montre un espace, une rue, ou si le regard pénètre dans la maison…

Fentes

Que ce soit dans une paroi naturelle ou dans l'ordinateur, la métaphore est claire, les fentes représentent le sexe féminin.

Fesses

Lorsque nous rêvons que nous nous promenons nus en montrant nos fesses, cela indique une sensation de faiblesse, une estime de soi peu élevée. Cela peut aussi symboliser des moqueries ou des rumeurs médisantes qui nous ont offensés.

Feu

Symbole universel. Le feu réchauffe ou détruit. Les rêves avec du feu peuvent avoir plusieurs sens : ils peuvent indiquer une envie de changement, de tourner radicalement la page et de reconstruire quelque chose de nouveau sur les cendres du passé. Cette dualité explique que le feu représente la passion, la vitalité, mais aussi le feu du bûcher, l'incendie.

Cela sera donc un symbole de sexualité, avec ce qu'elle contient de vitalité, d'énergie et de puissance, mais aussi de destruction. Il symbolise le désir sexuel et l'envie d'être aimé.

Fiancé(e)

Si un rêveur ou une rêveuse rêve qu'il ou elle fait l'amour avec sa compagne ou son compagnon, mais que ce dernier ou cette dernière a le visage d'un(e) inconnu(e), cela indiquera certainement une envie de vivre quelque chose de nouveau, que ce soit sur le plan émotionnel ou érotique.

Cela peut aussi indiquer que le rêveur ou la rêveuse n'ose pas entreprendre certaines choses avec sa compagne ou son compagnon, de peur qu'il ou elle ne soit pas partie prenante.

Figues

Il s'agit d'un symbole sexuel féminin, à cause de leur apparence lorsqu'on les coupe pour les manger. Ses feuilles servent à Adam et Ève à cacher leur nudité. D'ailleurs, certains chercheurs ont montré que la célèbre *pomme* qui a été la cause de la perte du paradis était en fait une *figue*, le mot ayant été mal traduit par nos ancêtres.
Les figues peuvent aussi représenter les testicules, dans certaines cultures. En tout état de cause, parce qu'elles sont remplies de graines, c'est un fruit qui évoque la fécondité et la libido.

Fleurs

Comme on les offre, elles sont le symbole de l'amour et de l'affection. Si elles sont senties comme rouges, elles seront sûrement assimilées au sexe féminin ; blanches, elles contiendront l'idée d'innocence et de virginité (voir ces couleurs).
Un bouquet fané représentera des attentes déçues.
En outre, l'image de fleurs tombant sur le sol évoque la perte de l'innocence.
Enfin, la couronne de fleurs montrera l'idée d'obtenir les faveurs sexuelles d'un tiers.

Fleuve

C'est un des symboles principaux de la vie, parce qu'il a un rapport avec l'eau (voir ce mot).
Si le fleuve est calme, cela va symboliser la pérennité de nos projets. Si le fleuve est agité, cela signifiera que le rêveur est en proie à des doutes et à des remises en question. « La vie n'est pas un long fleuve tranquille », dit le titre d'un film comique et ironique. L'analyse doit s'attarder sur les détails complémentaires (nage-t-on ? est-on en bateau ?) pour cerner ce que ce fleuve veut dire et s'il a un rapport avec la sexualité.

Flûte

Connotation sexuelle à cause de sa forme et parce qu'on souffle dedans avec la bouche (voir ce mot) tout en la manipulant avec les doigts. En outre, elle est l'instrument de Pan, ce dieu lubrique (dont le nom a d'ailleurs donné le mot « panique »).

Fontaine

Il s'agit d'une évocation d'eau qui jaillit. Elle représente souvent une idée de joie et de vitalité, de pureté et de « désaltération ». Elle va bien avec une vision heureuse, vivifiante de notre sexualité lorsqu'elle coule. Inversement, bien sûr, lorsqu'elle apparaît comme desséchée, elle évoquera la tristesse et la dévalorisation du rêveur.

Forêt

La symbolique est riche et vaste. La forêt est rassurante et accueillante, ou bien terrifiante. On en sort ou on y pénètre. Tous ces aspects peuvent faire penser au pubis de la femme, et pénétrer dans la forêt représenterait un acte sexuel, mais ce n'est pas une obligation car les rêves de forêt touchent des thèmes plus intimes.
La forêt, la plupart du temps, c'est le rêveur lui-même et son intimité. Il s'agit souvent d'un rêve de voyage intérieur, un cheminement dans sa vie affective.

Fourrure

Il semble évident qu'une fourrure puisse apparaître comme un symbole pubien, avec l'idée de caresse, de douceur et de luxe. On peut y voir aussi le rêve d'un retour à la sécurité intra-utérine.

Fraise

Ce fruit est un symbole fortement féminin qui montre que le rêveur cherchera ou bien aura le soutien d'une femme qu'il apprécie ou qu'il trouve attirante.

Frère

Dans ses frères et sœurs, le rêveur peut voir ses propres attributs, défauts et qualités.
Le frère (ou la sœur) comme un miroir renvoie le rêveur à sa propre image. En examinant son attitude et ses caractéristiques, le rêveur apprendra à mieux se connaître.

Fruit

Le fruit est un symbole archétypal de la fécondité. Pour les femmes, il y a là sans doute un désir d'être enceinte.

G

Gants

Encore une fois, il faut observer l'état des gants.
S'ils sont abîmés, cela aura des chances de symboliser des problèmes d'argent. S'ils sont élégants, en bon état, cela symbolisera d'agréables surprises attendues et... rêvées.
Les vierges, lorsqu'elles s'apprêtent à avoir des relations sexuelles, rêvent souvent qu'elles portent des gants ; elles ont peur de les enlever, symbole de leur peur de perdre leur virginité.

Garage

Comme il s'agit d'un abri (voir ce terme) associé à la voiture (voir ce terme), nous avons là une représentation du sexe de la femme et d'une relation particulière dans l'amour. En effet, un rêveur qui réparerait, par exemple, sa voiture peut avoir des soucis (sexuels ?) dans une relation. On peut se souvenir, amusé ou intrigué, de la chanson chantée par Charles Trenet « Je t'attendrai à la porte du garage », d'autant plus que celui qui est attendu aura « une superbe auto ». Charles Trenet était coutumier des finesses innocentes.

Gare

Rêver d'une gare signifie que le rêveur est dans un moment de sa vie où il doit prendre des décisions importantes, rupture ou séduction…

Gâteau

Toutes les douceurs et les friandises marquent le plaisir oral.

Glands

Voir « Chêne ». Cela représente un symbole phallique avec une valeur positive de virilité, de fécondité et de prospérité.

Gouffre

Symbole de la sexualité féminine, mais avec une connotation anxiogène, comme s'il y avait un piège sexuel. Pour Jung, il va s'agir de pulsions inconscientes à explorer.

Grands-parents

Ils représentent la sagesse et l'affection, mais aussi les racines. Rêver d'eux signifie le besoin de retourner aux sources, de se rapprocher de personnes avec lesquelles on se sent en sécurité.

Grêle

Elle symbolise des conflits avec des proches ou avec son conjoint.

Grenier

Voir « Maison ». C'est le lieu où sont accumulés tous les souvenirs, parfois gênants, parfois tendres, qui remontent à très loin. Puisque l'on *monte* vers le grenier, il peut s'agir d'une élévation de l'esprit. L'amour apparaît alors comme une recherche vers le haut.

Grenouille

C'est un symbole, lié au « prince charmant », qui renvoie à l'enfance et aux contes pour enfants. Une jeune fille peut rêver d'une grenouille si elle a été impressionnée dans sa jeunesse par les contes.

Grille

Les grilles symbolisent des difficultés, des empêchements. Plus les grilles apparaîtront comme solides et plus les problèmes à résoudre seront importants.

Grossesse

Les interprétations traditionnelles de la grossesse veulent que ce soit un signe de bonne santé. Pourtant, la femme qui rêve qu'elle est enceinte a certainement peur de l'homme en tant que partenaire sexuel, ou de la sexualité, ou bien encore de la maternité.

Grossir

Pour la rêveuse, cela symbolise un désir de maternité ou le pressentiment qu'elle est enceinte.
Pour les rêveurs, cela connote souvent un sentiment de puissance.

Grotte

Comme tout ce qui englobe, on a ici un symbole de l'utérus, dans lequel on recherche ou l'on a trouvé un abri (voir ce mot). C'est le symbole de la mère nourricière. Pénétrer dans une grotte signifie que le rêveur ou la rêveuse est en quête personnelle, et rêve de mieux se connaître.

Guillotine

C'est un symbole très fort de la crainte de castration.

H

Haie

Une haie présente l'image d'une séparation, d'une délimitation ou d'un obstacle. Le fait de devoir franchir une haie suppose que le rêveur ressent son histoire d'amour comme une diminution de sa liberté, ou bien qu'il y a une contrainte dans cet amour.

Handicap

Comme toute blessure (voir ce mot), on y trouve la peur de l'impuissance.

Harem

Ce rêve est apparemment et paradoxalement plus fréquent chez les femmes que chez les hommes. Il aurait tendance à indiquer des penchants homosexuels chez les femmes ou de la jalousie envers les autres femmes.

Herbe

On peut rêver que l'on est allongé sur l'herbe, que l'on s'y promène. Cela montrera un désir de tendresse et la nostalgie du passé.
Mais les poils pubiens peuvent très bien être représentés par l'herbe, la pelouse. Selon qu'elle sera plus ou moins « folle », cette herbe représentera une sexualité plus ou moins intense. Sans doute l'expression « gazon » du langage populaire a-t-elle un rapport avec cette symbolique.

Homicide

Le rêveur tue une personne qu'il aime. Cela signifie sûrement qu'il désire supprimer ou au moins transformer un aspect de sa personne qu'il n'apprécie pas.

Homme

Si une femme rêve d'un homme célèbre ou bien connu, cela montrera qu'elle a besoin d'attirer l'attention sur elle. Elle a besoin d'une reconnaissance sociale, voire de sa féminité et de sa séduction.

Hôpital

Bien évidemment, le rêve d'hôpital fait référence à toute crainte de maladie ou de blessure (voir ce terme).

Mais il peut prendre une connotation plus symbolique avec une idée de castration et de mutilation, angoisse de l'abandon, du divorce, du chômage.

Dans le fait que l'hôpital représente parfois la mère (qui soigne et qui protège, dans/avec laquelle on se laisse aller), il peut aussi être le signe que le rêveur a besoin de s'abandonner, de cesser le combat. Ce renoncement apparaît bien sûr dans des circonstances professionnelles ou une relation amoureuse angoissantes.

Hôtel

Comme toute « maison », l'hôtel peut représenter un abri (voir ce mot). Il peut être le signe d'un désir de connaître un instant de repos et d'abandon. Mais on doit prêter attention à la qualité, au statut de cet hôtel. Hôtel de luxe ou de commerce ? Hôtel de passe ? Le ressenti que le rêveur peut éprouver lorsqu'il se réveille donnera des indications sur la charge émotionnelle que prend cet hôtel. Désir de partir, de quitter son logement familial pour trouver une vie plus aventureuse ? Désir de sexualité différente (prostituée, voir ce mot) ?

Huîtres

Sous une forme très sensuelle, rappelant le terme « coquillage » (voir ce mot), l'huître reprend l'image des parties génitales de la femme.

I

Île

Beaucoup d'hommes rêvent de s'enfuir sur une île (qu'on pense à la chanson de Serge Lama). Elle contient l'idée d'isolement, mais aussi d'aventure, de beauté, de fraîcheur et d'inconnu. Elle est un symbole chargé d'érotisme féminin. Elle est un centre vers quoi tout converge mais qui ouvre sur tous les horizons aussi. Ainsi, l'île est un désir d'évasion mais aussi un désir de reconquête.

Au contraire, le rêveur peut ressentir l'île déserte avec un sentiment d'isolement ou d'abandon (deuil, rupture…). On peut relire le texte de Michel Tournier, *Vendredi ou les limbes du Pacifique,* dans lequel l'homme civilisé est réellement mis en danger et remis en cause par l'indigène Vendredi. Ce roman, réécrit pour la jeunesse sous le titre de *Vendredi ou la vie sauvage,* reprenait les bases de *Robinson Crusoé,* de Daniel Defoe.

Impuissance
On peut se sentir « impuissant » dans un rêve. Cela indiquera que le rêveur traverse une période douloureuse, qui le dépasse, une forme de castration sociale ou affective.
L'impuissance sexuelle va suggérer au rêveur qu'il a besoin de se reposer parce que son organisme est fatigué.

Inceste
Paradoxalement, et malgré la violence évoquée par ce terme, cela indiquerait plutôt que des conflits familiaux vont être surmontés.

Incidents domestiques
Ils peuvent évoquer l'amour perdu, la relation intime brisée ou fêlée.

Infériorité
L'infériorité, quelle qu'elle soit dans le rêve, montre un sentiment de faiblesse, d'impuissance. Manque de confiance, peur de la vie... Cela engendre un désir et des rêves de compensations pour rétablir un équilibre (faux, la plupart du temps). Sentiment d'échec, honte de soi-même. Une forme de masochisme, de sentiment d'être rejeté.

Inondation
Voir « Eau ». Le rêveur peut posséder un fantasme d'inceste ou, à tout le moins, avoir le sentiment d'être accablé, étouffé, noyé par la pression professionnelle, familiale, scolaire ou relationnelle.

Instruments
S'ils sont à cordes, les instruments illustrent parfaitement l'idée de corps féminin, surtout le violoncelle, que l'on caresse avec l'archet (connotation phallique).
Pour ce qui est des instruments à vent (voir « Flûte »), il y a association avec la caresse buccale, selon Freud.

Internet
Voir « Téléphone ».

J

Jardin
Le terme « jardin » a une connotation très forte, marquée pas la tradition biblique. C'est le lieu de repos, de bonheur, mais aussi de bonheur perdu (paradis). D'où une connotation, parfois, d'angoisse et de culpabilité.
Le jardin symbolise le voyage dans son monde intérieur (« avoir son jardin secret », « cultiver son jardin »). En observant attentivement l'état du jardin rêvé, on pourra tirer des conclusions sur la personnalité du rêveur.
En tant que lieu empli de verdure, de plantes, de fleurs, il est aussi, évidemment, très souvent empreint du rêve des organes génitaux de la femme.

Javelot
Voir « Bâton » et « Armes ».

Jeûner
Voir « Manger ».

Jeux
Du moment qu'il s'agit d'un jeu de société, on ressent la présence, le poids du regard des autres et de la compétition, de la frustration, voire de la castration en cas de défaite. Chaque jeu et chaque rêveur va sûrement développer sa symbolique propre. Le jeu de l'oie, un des jeux de société les plus anciens, possède un fort rapport avec la sexualité et avec l'idée de péché.

Jouir
Avoir un orgasme dans son rêve peut indiquer que le rêveur a des désirs et des pulsions sexuelles non assouvis, que le rêve va exprimer sans censure. Tout plaisir sexuel ressenti en rêve serait symbole d'un manque de maîtrise de ses instincts.

Jungle
Voir « Forêt ». Tout d'abord, il y a le symbole du pubis. Ensuite, on peut y voir l'émergence d'instincts violents inavoués, puisque la jungle est une forêt sauvage.

L

Lance
Voir « Bâton » et « Armes ».

Landau
On peut percevoir un symbole de problèmes sexuels qui remontent à l'enfance.

Langue
Pour les analystes freudiens, la langue est l'un des nombreux symboles sexuels.
Si elle demeure immobile ou empêche le rêveur de parler, elle sera un symbole de timidité.

Laver
S'il est besoin de laver, c'est qu'il y a quelque chose à effacer, quelque chose à recréer. Ainsi, laver la vaisselle va montrer un sentiment de honte ou de dégoût, la plupart du temps en rapport avec une expérience sexuelle.

Lessive
Effectuer une lessive consiste à tâcher d'enlever les taches. Le rêveur peut ressentir le besoin de se nettoyer. Ou de nettoyer son environnement. Il peut voir aussi une lessive étendue sur un fil : cela pourra représenter le désir de s'exhiber ou de se désinhiber sexuellement.

Lit
Le lit est vécu comme un lieu d'amour sexuel. Cependant, il symbolise un lieu où les amants ont des relations consentantes. Ce rêve montrera donc des relations sexuelles pleinement consenties.

Lièvre

Cet animal (voir ce terme) est connu pour sa sexualité galopante et sa capacité de reproduction. Alors, le rêveur rêve-t-il de multiples aventures rapides ou bien connaît-il un désir de reproduction ? À moins qu'il n'ait un complexe sexuel (éjaculation précoce)...

Locomotive

Voir « Véhicule ».

Loup

Animal solitaire, il est chargé d'un vaste symbolisme à connotation surtout négative, puisqu'on l'assimile essentiellement au loup-garou, au grand méchant loup.
Dans les rêves, il peut représenter la part d'instinct que nous ne pouvons pas réellement exprimer dans la vie quotidienne. Il faut aussi se souvenir des expressions populaires telles que « avoir vu le loup » (qui signifie, pour une jeune fille, avoir eu des relations sexuelles) ou bien « le branle du loup » (au XVIe siècle, la danse du loup désignait l'acte sexuel et au XVIIe, danser le branle du loup voulait dire « faire l'amour ») pour percevoir toutes les connotations sexuelles qui y sont rattachées. On se rappellera bien évidemment le Petit Chaperon rouge, qui porte tant et tant d'avertissements à connotations sexuelles (le rouge représentant bien évidemment la blessure, mais surtout la défloration de l'enfance naïve).

Lune

Lorsque la lune est pleine et lumineuse, elle est symbole de santé et de bonheur. Si elle est couverte complètement ou même partiellement par des nuages, elle est symbole de tristesse ou de mélancolie. Mais, si elle se reflète dans l'eau, alors c'est le symbole de la naissance d'un amour fort.
On peut aussi, par jeu de mots, concevoir la partie postérieure et attrayante d'une femme.

M

Mains

Un rêve avec une main est très révélateur. Il suffit d'observer les différentes expressions qui concernent la main dans la vie éveillée pour se rendre compte de l'importance de la main dans notre imaginaire et dans notre réalité.

– *Avoir cinq pouces à chaque main* : être maladroit.

– *Avoir deux mains gauches* : être maladroit.

– *Avoir un poil dans la main* : être paresseux.

– *Donner un coup de main, prêter main-forte* : aider.

– *Être entre ses mains* : être le seul responsable d'un destin.

– *Être pris la main dans le sac* : pris en flagrant délit.
– *Jeu de mains, jeu de vilain* : locution provençale signifiant que la violence feinte conduit souvent à la violence réelle.
– *Mettre la main à la pâte* : apporter sa contribution à un ouvrage.
– *Mettre la main à la poche* : participer financièrement.
– *Mettre les mains dans le cambouis* : se confronter à un problème de manière pratique.
– *Mettre sa main à couper* : être certain.
– *Mettre sa main au feu* : en être absolument certain.
– *Passer la main* : laisser sa place.
– *Se laver les mains* : ne pas s'intéresser à un problème (*cf.* dans la Bible – Matthieu, 27, 24 –, le procurateur romain de Judée Ponce Pilate).
– *Tendre la main* : offrir son aide.

Dans de nombreuses cultures, la main est le support de tatouages traditionnels permanents ou temporaires, de peintures au henné. Les tatouages de la main ont la particularité de ne pas pouvoir être cachés.

La main de Fatima, du nom de la fille préférée de Mahomet, symbolise chez les chiites et dans la tradition la place de la femme : elle est un talisman censé écarter le mal. Dans l'islam traditionaliste, il ne doit pas y avoir de contacts entre les mains d'un homme et celles d'une femme non mariés en dehors de la famille, à moins qu'un vêtement ne s'interpose.

Chez les chrétiens, les mains occupent une place primordiale ; qu'elles soient élevées ou bien jointes, elles sont utilisées pour la prière.

La chiromancie prétend même voir dans les lignes de la main tout le destin de l'homme. En héraldique, la main fermée signifie le secret, et la main ouverte la confiance.

Chez les yakuzas, il est de tradition de se couper un doigt en signe de soumission ou pour laver une faute.

Dans de nombreuses cultures, les souverains ont des bâtons de commandement qui représentent des mains.

La main est également un moyen d'expression : elle complète la parole – gestes de la main – ou la crée – pour les personnes handicapées incapables de s'exprimer oralement qui utilisent un langage par signes.

Outil universel de communication, la main humaine est souvent utilisée comme symbole :
– poignée de main, pour dire « bonjour », mais surtout pour dire la paix (la main ouverte offerte signifiait chez les chevaliers qu'ils ne tenaient pas leur épée, ni aucune autre arme) ;
– baisemain ;
– gifle ;
– tapes, qui sont un contact physique conventionnel dans la vie courante ;

– tope là : la main sert à s'engager ;
– les époux glissent un anneau à la main du conjoint (le père de la promise a *donné la main* de sa fille) ;
– enfin, la main est, par excellence, l'organe de la caresse.

Dans les rêves, il faut bien observer le geste effectué.

Regarder ses mains va exprimer la surprise par rapport à ce que le rêveur est en train d'accomplir.

Des mains sales ou peu soignées indiquent un complexe de culpabilité. Très souvent, les personnes qui pratiquent la masturbation et qui en ressentent de la culpabilité, se voient avec les mains sales dans leurs rêves.

Maison

Il faut considérer comment le rêveur ou la rêveuse voit la maison.

S'agit-il de l'extérieur de la maison, la façade, les volets, les fenêtres, les vitres, une belle et grande porte ? Alors le rêve a à voir avec un statut social, une apparence, une séduction, la façon dont on accueille ou on recherche le regard extérieur.

S'agit-il de l'intérieur de la maison ? Cet intérieur est-il luxueux, confortable, rassurant ? L'intérieur de la maison évoque immanquablement l'image de la mère protectrice, de l'enfance parfois, du pôle féminin du rêveur ou de la rêveuse.

Voit-on une partie particulière de la maison, une cave, une chambre, un escalier, un grenier ? Selon ce que le rêveur voit ou ressent dans ses rêves, la maison va être la représentation de différents symbolismes, l'essentiel étant toutefois une idée de protection la plupart du temps, et de confort.

Manège

S'il s'agit du lieu hippique, il portera la symbolique sexuelle du cheval (voir ce mot). S'il s'agit de l'attraction, généralement destinée aux enfants, il va révéler un désir de retrouver l'innocence sexuelle de l'enfance.

Manger

L'interprétation freudienne regarde fréquemment le fait de manger comme l'assouvissement d'un désir sexuel. Il attribue cette sexualité à la découverte enfantine de la bouche (voir ce mot) comme première « zone érogène ».

Avant lui, déjà, on associait les rêves de repas à la sexualité. Les cultures du monde entier ont traduit en termes sexuels le plaisir de manger, surtout certains fruits, certains légumes, ou de la viande (voir ce mot).

Manger a donc une portée érotique. En rêve, la voracité sera liée au désir de jouissance sexuelle. Se goinfrer correspondra alors à un désir sexuel intense dû à un sentiment de privation. En revanche, le jeûne refusera cet accomplissement et symbolisera un sentiment de culpabilité sexuelle.

Manteau

La psychanalyse y voit une étreinte féminine.

Si l'on possède un beau manteau, cela va connoter la chance et l'idée de protection. S'il est, au contraire, déchiré ou usé, c'est que l'on a un sentiment de perte, surtout en ce qui concerne l'amitié.

Marbre

Dans la tradition populaire, il est signe d'héritage et de longue vie, mais, surtout, en tant que matière froide et dure, cela va indiquer un manque de tendresse ou de sensibilité chez le rêveur.

Marches

Voir « Escalier ».

Mariage

Représente bien sûr l'union avec l'être aimé.

Cependant, il ne faut pas nécessairement s'arrêter à ce symbole réaliste, car le marié ou la mariée peut être une personne inconnue, dans le rêve. Il s'agit plus largement de l'idée d'alliance avec soi-même. Cette alliance personnelle revêt alors une importance extrême. Le mariage en rêve donne des indications sur la façon avec laquelle le rêveur ou la rêveuse perçoit la vie et l'avenir.

Si un célibataire rêve qu'il se marie, cela signifie qu'il aspire à un engagement qui peut être d'ordre personnel, professionnel ou même mystique.

Si, dans le rêve, il n'y a pas d'invités à un mariage, cela peut traduire l'angoisse (on craint en fait l'union à venir).

De même, on peut rêver de l'absence d'un des deux mariés : cela traduira des doutes quant à l'engagement de l'autre. Cela peut aussi symboliser le fait que le rêveur n'adhère plus aux valeurs de sa famille.

Enfin, le rêveur ou la rêveuse peut égarer (ou avoir égaré) l'alliance. Toutes ces angoisses vont révéler des inquiétudes sur la santé (voire la sexualité) du couple.

Masochisme

Recherche du plaisir par la souffrance, physique ou affective.

Il y a l'idée de sacrifice, voire du désir ou de l'obligation de souffrir pour les fautes du passé. L'être humain semble né avec une capacité énorme à la souffrance – le fait est qu'il survit à de nombreuses situations intolérables.

Le rêve où intervient le masochisme indique souvent un besoin d'expérimenter, une nécessité de ressentir certains éléments à un niveau extrême.

Masque

Le masque est le symbole de l'hypocrisie et de la simulation.

Porter un masque en rêve indique un besoin de cacher une partie de sa personnalité dont on n'est pas satisfait. Si le rêveur ou la rêveuse voit d'autres personnes qui portent des masques et commettent des actes répréhensibles, cela signifie qu'il ou elle refuse de voir certains traits de personnalité de ses amis intimes.

Mer

Voilà un symbole difficile à interpréter.

Pour Freud, la mer représente la sexualité féminine par excellence, le liquide amniotique. Voyager en mer, pour les freudiens, peut traduire un désir d'inceste.

Pour Jung, la mer est le lieu de tous les dangers, elle enferme toutes sortes de monstres : il va s'agir de l'inconscient.

Si la mer est calme, cela indique du retard ou des difficultés dans les projets. Si elle est un peu agitée, cela peut indiquer des événements joyeux. Si elle est vraiment très agitée, s'il y a transformation en tempête, cela peut symboliser la crainte, la mise en danger.

Ce symbole sera à considérer avec des termes tels que « Bateau » et « Nage » (voir ces termes).

Mère

Rêver de sa propre mère est lié à l'idée de retour vers l'enfance, vers la pureté sexuelle et la connaissance (la mère sait tout). C'est un retour aussi vers l'éducation que le rêveur, la rêveuse ont reçue. La mère est liée aux pensées de maternité, de puissance, voire de possession mais aussi au désir inconscient et à la peur de la castration.

Comme elle représente l'éducation, elle est présente aussi dans le conflit. Il faut en effet se défaire de son aura, de son influence pour grandir, pour se voir adulte. Se disputer avec sa mère en rêve revient à vivre une opposition entre ses propres besoins, ses instincts profonds et les choix effectués par le biais de votre éducation. Il y a donc un élargissement du symbole dans certains rêves, puisque le conflit peut signifier une inadéquation entre ce que le rêveur ou la rêveuse se sent être au fond de lui-même ou d'elle-même et ce qu'ils acceptent de vivre dans le réel.

(Voir aussi encadré page 57.)

Miroir

Le miroir est un des symboles de l'inconscient et il symbolise le désir de mieux se connaître.

Rêver d'un miroir brisé signifie que le rêveur ou la rêveuse s'interroge sur ses propres faiblesses. Il ou elle a du mal à les admettre, voire à les assumer. Il faut aussi connaître le

« stade du miroir », développé par Lacan (voir p. 66).

Monstre

S'il rêve de monstres, le rêveur doit sans doute connaître des impulsions latentes qui le dégoûtent.

Montagne

La montagne représente aussi bien un obstacle à surmonter qu'un objectif à atteindre. C'est aussi un des symboles de la sexualité (elle possède la forme du sein).
Grimper une montagne peut symboliser la quête de la jouissance.
Si le rêveur est en bas, le rêve montrera une angoisse dans la sexualité.
Si le rêveur appréhende la montagne difficilement et qu'il a l'impression que l'ascension est longue ou qu'il n'a pas été préparé pour cette épreuve, cela signifie qu'il se sent impuissant.
Sur le plan érotique, cela peut indiquer la peur de l'impuissance sexuelle pour un homme et la peur d'être anorgasmique pour une femme.
Si le rêveur est au sommet, il s'agit d'un sentiment de domination.

Morsure

Dans la tradition populaire, être mordu ou mordre symbolise le fait d'être victime de jalousie ou le fait d'être rancunier.
Pour certains psychologues, mordre une personne symbolise un amour passionné : cela signifie qu'on désire incorporer, manger l'autre.

Moto

Voir « Véhicule ».
Le rêveur qui se voit motard marque une volonté d'être maître de sa destinée. Il y a une connotation sexuelle pleine de désir ou d'affirmation de puissance dans le fait d'enfourcher une moto.

Moustache

Une moustache bien fournie symbolise la prospérité et même une forte virilité (surtout au XIXe siècle – qu'on se souvienne de la nouvelle de Maupassant publiée dans le recueil *Toine*). Par conséquent, une moustache peu fournie symbolisera au contraire des pertes matérielles ou, pire, une faiblesse dans la sexualité.
Si la rêveuse se voit porter une moustache, cela indique qu'elle sent que son couple est à la dérive.

Mur

Tout comme la montagne, le mur représente un obstacle. Le mur sépare le rêveur ou la rêveuse de ce qu'ils convoitent, de l'objectif qu'ils souhaitent atteindre.
Si le mur s'effondre sur elle ou lui, cela indique que la rêveuse ou le rêveur manque de confiance en soi.
Cela peut aussi marquer une perte des repères, des difficultés à se situer dans la société.

Musique
En général, la musique est un symbole positif. Agréable, elle est source de plaisir et va donc symboliser des honneurs, un certain confort de vie et des avantages attendus.
La musique, surtout associée à la danse, par exemple celle du tambour (voir ce mot), peut représenter l'acte sexuel.

N

Nage
Le fait de nager a une relation avec la traversée (voir ce mot). Il exprime aussi l'idée de naissance, avec le désir de retourner dans le liquide amniotique de l'utérus.
Si, en outre, le rêveur nage sans problème dans la mer (voir ce terme), cela peut avoir une connotation sexuelle et dénoter la puissance virile. C'est aussi le signe d'un bien-être actuel ou pressenti. Cela montre que le rêveur ou la rêveuse sont capables de se débrouiller correctement dans la vie.

Nez
Le tendre et malicieux Pinocchio a montré la voie. Le nez qui grandit, quel symbole phallique ! Mais il s'agit aussi de mensonge. La symbolique onirique du nez aura un rapport avec l'honnêteté (ou la malhonnêteté) du rêveur ou de la rêveuse dans la vie sexuelle. Ou encore une interrogation sur le partenaire et sa sincérité. On se souvient du nez de Cyrano de Bergerac, qui est justement l'histoire d'un mensonge et d'une beauté cachée.
Ce qui compte, c'est la forme du nez. Ainsi, un nez anormalement long symbolisera la sensualité, les excès en matière sexuelle. Au contraire, un nez petit peut symboliser la faiblesse sexuelle, l'inactivité, l'impuissance, l'absence de vie.

Noir
Rêver en noir et blanc (voir « Couleur ») situerait la préoccupation du rêveur plutôt dans un contexte quotidien, réaliste, concret.
Le noir est bien sûr lié à l'idée de néant, à l'idée de mort, de malheur, de deuil. Le mal est aussi représenté par cette non-couleur, et cela est tout à fait typique de notre société occidentale, et ce depuis le Moyen Âge au moins.
L'idée de racisme n'est pas forcément incluse dans cette vision des choses, mais c'est une possibilité qui, dans certains cas, peut se surajouter.

Noisette
Voir « Amande ».

Noix
« Une noix, qu'y a-t-il à l'intérieur d'une noix ? », chantait Charles

Trenet… (Voir « Amande »). Aller chercher à l'intérieur de ce fruit représente justement une forme d'intimité.
Pour la noix de coco peut s'ajouter la notion de sexualité libre et sans inhibitions, parce qu'il s'agit d'un fruit exotique.

Nombril

Dans la tradition populaire, l'expression « le nombril du monde » indique une grande autosatisfaction, du narcissisme, ou le désir, le besoin d'être sous les regards de la foule, de l'attention générale.
En rêve, voir un nombril symbolise une relation fusionnelle avec le père, ou la peur de le perdre.

Nourrice

Rêver de nourrice signifie que le rêveur ou la rêveuse manque d'affection et de tendresse, qu'il ou elle pressent une rupture amoureuse qui va créer un sentiment d'abandon et/ou un profond chagrin.

Nudité

La nudité est fréquente dans les rêves. Souvent, elle provoque une gêne, un sentiment d'infériorité : on se sent vu nu par autrui, donc démasqué, affaibli. Lorsque le rêveur se voit nu dans un lieu public, cela symbolise un manque de confiance en soi.
On peut aussi volontairement se mettre nu, se mettre « à nu ». Il s'agit alors d'un désir de se débarrasser des conventions sociales, de se retrouver dans le dépouillement, dans sa vérité. Ces nudités n'ont rien d'érotique.
Cependant, la nudité d'un rêveur pourra aussi traduire un exhibitionnisme latent, ou une envie de faire l'amour. Pour les freudiens, la nudité féminine est ordinairement la manifestation du désir sexuel, chez le rêveur ou la rêveuse hétérosexuel(le).
Chez la femme, elle pourra être révélatrice de tendances lesbiennes inexprimées ou d'un désir de s'exhiber.
Chez le rêveur masculin, la nudité masculine sera l'expression d'un désir hétérosexuel ou homosexuel et d'éventuels penchants à l'exhibition. La nudité d'un personnage fort et idéalisé traduit une inquiétude du rêveur relativement au père.
En termes jungiens, la nudité idéalisée de l'un ou l'autre sexe pourra être la traduction d'aspirations à l'amour ou un désir d'accéder à un plan spirituel supérieur.
Si l'on rêve que l'on déshabille une tierce personne, cela signifie que l'on est en train de dévoiler ses vraies intentions.

O

Œuf

Que ce soit par sa forme parfaite, lisse et englobante, ou par son rôle réel dans la vie quotidienne, l'œuf est une des images de la mère. Traditionnellement, il symbolise la fécondité.

Il symbolise aussi les espoirs amoureux ou les espoirs d'avenir qu'a la rêveuse ou le rêveur pour son couple. Lorsqu'on rêve d'un œuf qui se brise, cela peut montrer le refus d'une grossesse et même le rejet (maladif ?) de l'enfant à naître. Rêver d'œuf peut aussi faire apparaître un fantasme d'inceste.

Oignons

Symboles de secrets (*cf.* l'expression « ce n'est pas tes oignons », qui refuse à l'autre l'accès à son domaine personnel) ou de désirs refoulés, les oignons peuvent également être synonymes de tristesse (les oignons font pleurer…) ou de trahison.

Oiseau

Pour l'école freudienne, il s'agit bien d'un symbole sexuel. Vouloir voler (voir ce mot) serait le symbole de désirs orgasmiques (*cf.* l'expression populaire mais tellement marquante « s'envoyer en l'air »).

L'oiseau peut symboliser une soif de liberté ou le désir de fuir une réalité difficile. L'oiseau qui traverse le ciel sera libératoire, conquérant. S'il y a un oiseau de proie ou une pie, cela prendra le caractère d'un adultère. L'oiseau blessé signifiera la castration.

Il y aura un autre symbole sexuel, si l'on considère la présence et l'action que peut avoir le bec (voir ce mot), qu'on se réfère aussi à l'aigle, par exemple.

Oncle

Ce personnage familial vient souvent en remplacement du père. Il y a donc un rapport avec l'*Animus* (voir ce mot, p. 60).

Ongle

Ont-ils un mauvais aspect ? Ils symbolisent alors la maladie. Sont-ils longs et solides ? Ils montrent la réussite, surtout après un combat. Sont-ils élégants et soignés ? Ils symbolisent des plaisirs sensuels. Sont-ils limés, recouverts de vernis à ongles ? Il y aura alors tentative de séduction ou de dissimulation, ou bien respect des conventions sociales. L'interprétation doit tenir compte de tous les aspects des ongles.

Orange

Rêver en couleur est fréquent pour certaines personnes, plus rare chez d'autres. Dans les rêves, les couleurs indiquent la force des sentiments et de la vitalité. Elles concernent la

vie psychologique, les aspirations métaphysiques. Lorsqu'un seul des éléments du rêve est en couleur, il faut conjuguer le sens de cet élément avec celui de sa couleur.
Ici, il faut retenir que l'orange est une couleur mêlée, qui évoque l'accueil et la reconnaissance du cœur (elle représente aussi l'humilité chez les bouddhistes). Mais, parfois, elle peut tirer vers la dissimulation et l'hypocrisie.

Oreille
Selon l'interprétation traditionnelle, elle symbolise un secret que l'on souhaiterait dévoiler. Selon Freud, une oreille féminine percée symbolise la perte de la virginité (la rupture de l'hymen, pour être plus précis).
Dans son ouvrage sur les expressions françaises (Livre de Poche), qui s'intitule, justement, *La Puce à l'oreille*, Claude Duneton montre que l'oreille est bien un lieu qui ressemble au vagin et que, lorsqu'on a « la puce à l'oreille », on se gratte… l'oreille.

Ouvriers
On restera prudent avec ce genre d'interprétation à l'emporte-pièce : la présence d'ouvriers dans un rêve signifierait pour un homme des relations homosexuelles. Pour une femme, qu'elle a besoin de se sentir protégée par un homme, selon Freud.

P

Paille
La paille symbolise la perte d'un bien et éventuellement la recherche désespérée d'un bien perdu (*cf.* l'expression « être sur la paille »). Cela exprime donc l'angoisse et le manque de confiance en soi.
En contrepartie, s'étendre sur la paille est symbole de désir sensuel.

Pain
Il représente la sexualité et, surtout, la fécondité. La forme que prendra le pain dans le rêve déterminera l'orientation de la symbolique. En outre, s'il s'agit de pain grillé, le rêveur aura sans doute des angoisses liées à un ménage brisé.

Palais
Selon que nous sommes proches ou non du palais, cela indique que nous sommes sur le point d'atteindre une situation idéale ou, au contraire, que nous en sommes loin. Le palais est souvent considéré comme inaccessible. Il représente l'idéal de rêve, là où, peut-être, est le prince charmant pour les unes et la princesse pour les autres.

Panier
S'il est associé aux fruits, il sera une figuration de l'exubérance sexuelle et de la fécondité féminine. En tout cas, en tant que récipient, il aura

toute la symbolique féminine, voire maternelle.

Panne

La panne est symbole d'un manque de confiance en soi et de désirs refoulés.
Si c'est une voiture, cela symbolise la peur d'avoir des relations sexuelles ou bien la peur d'échouer dans cette relation. Si c'est une télé qui tombe en panne, il pourra s'agir du désir de s'évader de son train-train quotidien et limité.

Pâquerette

Voir le mot « Fleurs ».
Sa blancheur et sa délicatesse montrent un désir du rêveur ou de la rêveuse de retrouver une sexualité intacte, de retourner à un état de pureté.

Parapluie

La forme de cet engin est double, selon qu'il est ouvert ou fermé. Sa signification va varier en conséquence et représenter soit le sexe masculin, soit le sexe féminin. Il n'est cependant pas exclu qu'il ne fasse que nous protéger de la pluie, en toute logique.

Patron

Si le rêveur ou la rêveuse se voit en patron, il y a un désir de dominer, certes, qui peut se passer dans le domaine professionnel, mais on peut le comprendre aussi dans le cadre d'une relation sexuelle.

Peau

La peau représente notre apparence, notre relation à autrui, notre manière d'apparaître en public. Si, dans le rêve, il existe des problèmes de peau, il s'agira sans doute d'une inquiétude sexuelle.

Pêche

Voilà un fruit qui représente la lascivité, et ce dans de nombreuses civilisations.

Pendaison

Ce genre de rêves montre les incertitudes sexuelles qui peuvent hanter un homme. Cela va être un grand signe de la peur de la castration.

Percussion

Prenons ici ce mot dans le domaine du son. Une percussion va représenter les rythmes primordiaux de la vie, tels que les battements de cœur ou les gestes d'amour. La percussion va être aussi liée aux rêves contenant des instincts violents.
L'idée de choc représente l'idée de violence, d'accident. Donc d'une sexualité (s'il s'agit d'un rêve associé à la sexualité, bien sûr) connotée brutalement.

Père

Le père est l'image dominante pour tout homme. Selon ce qu'il a été dans la vie du rêveur, selon ce qu'il est encore dans son existence, il va prendre beaucoup de place.

Bien sûr, pour Freud qui a développé le thème du complexe d'Œdipe (voir encadré, p. 43), il est question de le tuer, symboliquement, pour devenir adulte. Ainsi, plusieurs images vont se substituer à celle du père (armée, professeur, oncle...) pour passer dans le domaine onirique. Le symbole va donc avoir un rôle nettement sexuel.

On pourra trouver, par exemple, un père intimidant, et cela signifiera sans doute l'expression de doutes sexuels d'un rêveur masculin, qui ne se sentira pas « à la hauteur » de cette image paternelle. Ce pourra être aussi un désir inconscient d'inceste d'une rêveuse si le père est vu aimant ou séducteur.

(Voir aussi encadré page 61.)

Perle

Elle est reliée à la femme, à la vie cachée, intérieure, à la sexualité. En effet, elle représente le trésor enfoui dans les profondeurs de la mer ou dans le coquillage (voir ce terme). Le pêcheur doit la ramener à la lumière.

Traditionnellement aussi, elle a une connotation aphrodisiaque. Elle a une forme parfaite, ronde, lisse ; elle est précieuse. Elle a aussi la valeur du paraître (un collier de perles), et donc de la séduction sexuelle.

Pour Freud, elle sera donc la féminité, l'amour, le mariage, le sexe féminin.

Phare

Il se dresse sur les côtes. Il est un signe de ralliement et de sauvetage dans la réalité. En rêve, il constitue un symbole phallique qui se dresse face à l'image maternelle que représente la mer ou l'océan.

Pied

« Prendre son pied », selon Claude Duneton dans son ouvrage *La Puce à l'oreille*, possède une connotation sexuelle. Le pied (surtout féminin) est souvent chargé d'érotisme dans les romans. Ainsi, surtout si le rêve l'associe avec le fait de mettre une chaussette, un soulier ou une chaussure (voir ce mot), le pied va représenter un symbole phallique, et l'acte d'enfiler ses chaussettes d'une manière obsessionnelle peut, dans un cas étudié par R. Reitler et cité par Freud, correspondre à un acte d'onanisme.

Piqûre

En tant qu'idée de pénétration dans la peau, cela peut représenter l'acte sexuel. S'il s'agit d'un acte médical, voir « Hôpital ».

Plage
Le rêveur aura construit un château de sable, avec ses tours, sur la plage, et la mer va les recouvrir. Un tel rêve (ou ses semblables) montre la peur de la castration : les hautes tours phalliques d'un château de sable que recouvre la marée montante de l'océan féminin ou maternel. (Voir « Tour » et « Mer ».)

Poisson
Pour Freud, le poisson est un symbole sexuel. Selon l'état du poisson (dans un aquarium et vivant ou sur une table, ouvert et prêt à être mangé), la connotation va bien sûr différer.

Policier
Image de l'autorité, de la répression, du pouvoir. Image donc possible du père. S'il s'agit d'une femme policier, on peut y voir une mère dominatrice, ou une partenaire qui domine sexuellement le rêveur.

Pomme
L'aspect de péché pour la pomme a été nettement mis en exergue avec l'aventure d'Adam et Ève. Ainsi, croquer ou voler une ou des pommes peut être le symbole du désir d'une relation sexuelle considérée comme illicite, adultère ou même incestueuse.

Pont
Il permet de traverser (voir « Traversée ») une rivière, de passer d'une rive à l'autre, c'est-à-dire que le rêveur traverse et que le pont sert à relier. C'est souvent le rêve d'une jonction, d'un désir de relation avec...
Inversement, il peut s'agir de fuir une rive pour atteindre l'autre. Dans ce cas, l'idée de divorce dominera.

Porte
Voir « Maison ».
Si la porte est ouverte, elle marque la possibilité de passage, d'accès. Une porte fermée donne envie de la pousser, de l'ouvrir, pour pénétrer, pour passer de l'autre côté. Cela signifie le désir d'aventure, le désir d'une découverte.
La porte aussi protège et montre l'intimité. Il faut alors une clé (voir ce mot).

Porte-monnaie
En tant que réceptacle, il va contenir, normalement. Il sera donc lié à l'idée de ventre maternel, protecteur et sécurisant. Mais s'il apparaît vide, cela signifiera des regrets ou de la nostalgie.

Printemps
En rêve, cette douce et belle saison n'est que le reflet de quelque chose que le rêveur ou la rêveuse a perdu et pour lequel il ou elle éprouve de la

nostalgie : un idéal, un amoureux (ou une amoureuse) ou sa jeunesse...

Prix

Si le rêveur ou la rêveuse gagne un prix, on a l'idée d'obtenir les faveurs sexuelles d'un tiers.

Il faut aussi interpréter le cas où il y a un « prix à payer » dans son rêve : cela dénotera la notion de risque ou de conquête durement et chèrement menée.

Propriétaire

Ce mot a souvent un lien avec la maison (voir ce mot). Il va s'agir de la représentation que l'on se fait de sa vie. Est-on le propriétaire ou s'agit-il d'un tiers dans la maison ? Dans ce dernier cas, le rêveur a l'impression de ne pas entièrement contrôler sa vie et/ou qu'il est dominé (sans doute outrageusement) par son partenaire.

Prostituée

Les rêves ne s'occupent pas de moralité. Ainsi, cette femme, la prostituée, se vend pour de l'argent, mais la référence sociale (et honteuse ?) n'intervient pas nécessairement dans la perception que le rêveur peut en avoir.

L'aspect symbolique de la prostituée est le fait que cette femme représente souvent un refuge, une sorte de consolation affective, voire sexuelle, lorsque le rêveur se juge abandonné ou solitaire. Elle représente une idée de vie. Sauf, au contraire, si elle est laide, sale, rebutante : c'est alors la femme destructrice et castratrice, la mère mauvaise, refoulée.

Elle représente aussi la part négative de l'homme (voir l'inter « L'*Anima* », p. 56).

Punition

Donnée ou reçue ? Et par qui ? Cela représentera donc une relation de soumission (du père ou de l'image paternelle : professeur, supérieur hiérarchique... ou de la femme), ou bien il s'agira d'un rêve de jouissances sadomasochistes. Il faut aussi considérer le fait de savoir si la punition semble juste ou injuste.

Pyramide

On peut y voir, comme dans les tours (voir ce mot), un sexe masculin en érection. Le rêve est-il associé à un chameau, par exemple (voir ce terme) ?

R

Rasage

Ce rêve indique un besoin de se purifier. On peut y voir aussi le désir de révéler une partie de sa personnalité.

Raisins

Il s'agit d'un fruit très sensuel. Dans les rêves (et même dans certains

spots publicitaires), on en partage les grains en les plaçant dans la bouche (voir ce mot) de l'autre, ce qui en fait l'expression de la sexualité sous forme de plaisirs buccaux, tactiles, sous forme ludique aussi.
En revanche, si, dans le rêve, les raisins sont amers, cela montrera le dégoût ou le mécontentement.

Rat

Cet animal (voir ce mot) n'est guère apprécié ; il représente souvent l'idée de saleté, voire d'épidémie.
D'une manière onirique, il va représenter un sentiment de dégoût ou de culpabilité par rapport à sa propre sexualité.

Recoudre

Cette action en rêve symbolise la résolution ou la diminution de problèmes. Mais recoudre le vêtement d'un partenaire montre un sentiment de soumission ou d'oppression.

Requin

Le requin est, par exemple pour Lautréamont, l'auteur des *Chants de Maldoror*, le symbole de la cruauté de la nature, mais aussi celui de la bestialité de l'homme.
Dans le domaine onirique, ce poisson (voir ce mot) est apparenté au sexe féminin et lié à l'angoisse de la castration.

Retard

Les rêves sont fréquents où l'on se trouve dans une situation désagréable parce qu'on est en retard, parce que l'on manque son train ou que l'on se trompe de gare, de compartiment, etc.
Ce sont des rêves qui marquent l'idée d'impuissance et/ou d'infériorité. On a le sentiment de manquer « une occasion » (ou de les manquer toutes). Cela peut se rattacher aux différents incidents de la vie, mais cela est encore plus probant lorsque c'est relié à des sentiments amoureux.

Réunion

Une réunion avec une ou même plusieurs personnes, s'il ne s'agit pas d'un souci par rapport à sa profession, va indiquer une rupture.

Rides

Celui ou celle qui rêve qu'il ou elle est ridé(e) va montrer sa peur d'être quitté(e) par sa compagne ou son compagnon. Cela indique, de toute façon, des difficultés que l'on ne parvient pas à assumer.

Rival

En général, celui ou celle que la rêveuse ou le rêveur voit en rival dans son rêve l'est dans la vie réelle ! Le fait de rêver de son rival indique le fait de penser ne pas être à sa hauteur.

Roue

Jung considère la roue comme un symbole phallique – une des composantes sexuelles exprimant l'ensemble des énergies créatrices de l'individu.

Rouge

Rêver en couleurs est fréquent pour certaines personnes, plus rare chez d'autres. Dans les rêves, les couleurs indiquent la force des sentiments et la vitalité. Elles concernent la vie psychologique, les aspirations métaphysiques. Lorsqu'un seul des éléments du rêve est en couleur, il faut conjuguer le sens de cet élément avec celui de sa couleur.
Ici, il faut retenir que le rouge est le feu, la passion, la chaleur et l'amour. C'est une teinte tour à tour brutale, vivifiante, dynamique, énervante. Une couleur de guerre, de combat, de sang (*cf.* tauromachie). Le rouge va donc évoquer le feu et l'énergie, la vitalité des passions, le désir sexuel. Les passions peuvent être destructrices et le rouge va représenter aussi la violence, la haine et le carnage.
Comme couleur du sang, le rouge peut aussi se rattacher au ventre maternel.
Le rouge à lèvres, quant à lui, va manifester une sexualité voluptueuse.

Ruines

Souvent, elles représentent la ruine du couple, l'idée ou la crainte d'un divorce.
Dans les rêves, si on rêve de rue, ce qui importe le plus souvent ce n'est pas la rue elle-même, mais ce qui s'y déroule. C'est cela qu'il faudra analyser pour comprendre le rêve.

S

Sable

Marcher sur le sable signifie la peur de ne pas atteindre tel ou tel objectif. Si avoir du sable sur le corps indique de l'anxiété, jouer avec du sable est un symbole de désir sexuel.

Salle de bains

Voir « Maison ».
La salle de bains est un endroit où l'on est nu, où l'on frotte son corps soit pour le laver, soit pour l'essuyer. La salle de bains a donc une connotation érotique forte. Pour certains, elle représente, en tant que pièce close et humide, l'utérus.

Sang

Lié à la vie, à la vitalité et à la santé, parce qu'il coule, il est souvent à lier au feu et à toute sa symbolique. Mais il peut représenter la blessure, la castration, avec tous les aspects négatifs que cela implique.

Rouge (voir ce mot), le sang est l'idée de violence en même temps que d'énergie. Pour la femme, il peut être lié à l'idée de puberté, de menstruations, voire de viol, de violence sexuelle.

Scie

Scier quelque chose signifie rompre une situation difficile qui se prolongeait, notamment une relation amoureuse.

Sein

Le sein d'une femme renvoie à l'enfance perdue, pour laquelle on ressent de la nostalgie. Rêver qu'on tête le sein peut effectivement renvoyer à une situation d'enfance, de protection, mais il ne faut pas oublier que les seins sont aussi une zone érogène très intense et que rêver de cette caresse buccale peut être un rêve érotique.

Serpent

Cet animal (voir ce terme) révèle ce qui est en nous, obscur. Il appartient au souterrain, aux crevasses, il est invisible et peut surgir à une vitesse incroyable. Il est un symbole phallique, dressé et dangereux car il plonge sur sa victime. Il va représenter les aspects sombres du « Moi ». Dans ses attaques, il représente le viol.
Pourtant, on ne peut oublier qu'il est aussi le symbole de la médecine occidentale, et donc qu'il représente aussi la sagesse.

Serrure

La serrure symbolise le sexe de la femme. Rêver de serrure (voir aussi « Clé ») est plus fréquent chez les hommes que chez les femmes.

Serviette de toilette

Voir « Salle de bains ».
La serviette de toilette sert à se frotter le corps, ce qui peut aisément représenter la masturbation et la frustration sexuelle.
Signalons que, pour Freud, un sentiment de culpabilité est toujours lié aux rêves de masturbation.

Seuil

Voir « Maison ».
Un franchissement qui peut vouloir dire entrer dans la maison. Cela peut être associé à une idée de bienveillance, d'accueil. Dans le cas contraire, la rêveuse ou le rêveur sentira cette intrusion comme une violence, comme un viol.

Ski

L'idée de ski est avant tout, semble-t-il, liée à l'idée de descente. C'est donc un symbole freudien classique de l'acte sexuel. La sensation de joie ressentie dans une descente à ski, et qui se mêle à une impression de chute (voir ce terme), peut traduire l'idée d'un acte sexuel illicite.

Sœur

Voir « Frère ».

Soif

Si l'impression de soif n'est pas liée à une cause objective (on peut avoir soif la nuit), elle symbolise une chose que l'on désire ardemment, comme l'expression traditionnelle nous l'indique (« avoir soif de gloire »).

Si l'eau que nous buvons est une eau qui nous dégoûte, cela symbolisera une déception ou la résignation face à un souci qui nous semble insurmontable.

Soldat

Il représente une pulsion sexuelle forte, en rapport avec la notion de guerre, d'autorité aussi.

Soleil

Voir un soleil en rêve est synonyme de confiance en soi et d'un sentiment de bien-être.

Si le soleil se couche, c'est symbole d'une déprime passagère ; s'il se lève, cela est symbole de succès.

Sonnerie de l'école

Se débarrasse-t-on jamais des émotions de notre enfance ? En tout cas, cette sonnerie va se transposer, dans le domaine onirique, et représenter la nécessité de la fin d'une relation sexuelle.

Sorcière

Voir l'inter « L'*Anima* », p. 56.

La sorcière représente une interprétation du rôle de la mère ; ce genre de rêve va sans doute représenter une idée d'inceste refoulé, ou la crainte d'une castration.

Soulier

Le soulier, la chaussure (voir ce mot) doivent convenir au pied (qui est un symbole phallique, voir ce mot), l'habiller, le protéger. Apparaît donc comme une idée qui rejoint celle de l'abri (voir ce mot), voire de la relation sexuelle, puisque le pied entre dans la chaussure.

Cependant, certains souliers font mal aux pieds, ne conviennent pas ; il s'agit donc d'un rêve de frustration, de déception, et qui révèle sans doute un sentiment d'infériorité de la part du rêveur.

On ne peut pas non plus exclure le rapport érotique (voire fétichiste) au pied et à la chaussure de la femme (talons aiguilles, bottes, etc.).

Sous-vêtements

Rêver de sous-vêtements masculins lorsqu'on est un homme, ou féminins lorsqu'on est une femme, dénote la timidité du sujet, montre le désir du secret, la peur d'être révélé.

Cependant, lorsque le sujet rêve de sous-vêtements du sexe opposé, cela est synonyme d'une fixation sur le sexe.

T

Table
Lorsqu'il y a une table dans un rêve, avec des gens autour, il s'agit d'une répartition des rôles, de la place de chacun au sein de sa famille. Il faut, pour ce genre de rêves, bien se souvenir de qui était autour de la table et avec quelles prérogatives ou quelles priorités.

Tableau
S'il s'agit d'un tableau que l'on crée, cela signifie la puissance créatrice, l'initiative, le succès. Mais il arrive qu'on efface ou qu'on détruise un tableau sans le terminer : cela reflétera un sentiment d'impuissance sociale, voire sexuelle.

Taches
Toute tache, sur un costume, sur un tapis, sur des murs, signifie que quelque chose nous fait peur.
Les taches indiquent aussi un manque de confiance en soi. En outre, si elles apparaissent sur le corps – notamment sous forme de pustules –, elles indiquent une peur inconsciente des maladies sexuellement transmissibles ou, plus profondément encore, des relations sexuelles.

Tambour
Surtout lorsqu'il s'agit du rythme de tambour à la mode militaire, ou de celui du garde-champêtre, il signifiera un acte sexuel. De nos jours, cet instrument a nettement perdu de son actualité et on peut se demander s'il intervient toujours dans les rêves.

Tank
Engin particulièrement agressif, qui va représenter un symbole phallique lui aussi des plus agressifs. Il va s'agir d'une peur ou, au contraire, d'un désir de la violence sexuelle.

Tante
Ce personnage vient souvent se substituer à la mère (voir « L'*Anima* », p. 56).

Tasse
La tasse est un symbole féminin. Ainsi, boire une tasse suppose une envie de faire l'amour.

Taureau
Souvent, dans les rêves, il est déchaîné et furieux, dévastateur. Il représente donc la nature animale par excellence, la puissance. Il apparaît comme la projection de la jouissance de la vie et de la nature, de la virilité violente à peine contenue, d'une grande force d'action.

Téléphone
Le téléphone (et Internet) a envahi notre vie, semblant un moyen absolu de rester en contact permanent avec

n'importe qui et n'importe où. Il est naturel que les rêves de l'homme et de la femme modernes empruntent ce symbole à la réalité.
Mais, contrairement à ce que l'on pourrait croire, rêver de téléphone (ou d'Internet) va indiquer le plus souvent des difficultés à communiquer et le désir de rétablir un lien rompu. Le téléphone apparaît en général chez les personnes ayant des problèmes de communication.
Parfois, l'anonymat offert par ces moyens représente une possibilité de surmonter sa timidité.
Rêver d'un mauvais numéro de téléphone peut signifier la sensation ou la peur de la perte de son intimité.

Tempête
Pour combattre la routine, notamment dans le couple, la tempête va représenter le déchaînement (des passions), la frénésie, le tumulte passionnel.

Terre
Dans un rêve dans lequel dominera la terre, le champ, il faudra voir un rapport avec l'idée de fécondité, ainsi que le sens des réalités.

Torpille
Elle symbolise l'organe masculin et peut marquer le désir d'une sexualité clandestine ou illicite. On peut repérer un désir d'inceste si la torpille fend les eaux de la mer (voir ce mot).

Tortue
Voir « Animaux ».
Avec sa tête qui dépasse de la carapace, elle est un symbole phallique manifeste, mais elle peut aussi évoquer une possibilité d'impuissance.
La tortue est un symbole très fort : elle a la forme et la dureté de la Terre-mère. Elle sert aussi de symbole à la musique (sa carapace transformée en caisse de résonance ou en ventre d'instrument à cordes). Elle possède donc une multitude de correspondances souvent très sympathiques et attachantes, qui vont aussi se lier à l'idée de durée, d'immortalité.
Ainsi, le regard que l'on peut porter sur elle dans l'interprétation qui la lierait à la sexualité devra être attentif à ces notions aussi riches que diverses.

Tour
Elle est une marque d'assurance du rêveur masculin.
Pour la rêveuse, il y a fort à parier qu'il s'agira d'une image du père, avec son ascendant oppressant, autoritaire ; en tout cas, cela marquera l'autorité masculine en général. Les tours, dressées, phalliques, peuvent aussi s'écrouler... Cela signifiera la peur de l'impuissance sexuelle ou sociale.

Tournevis
Voir « Écrous ».

Train
Voir « Véhicule ».
Voyage en train : sentiment d'être devenu trop dépendant d'un tiers, ou symbole du rapport amoureux.

Traversée
Changement d'état, positif en général. Renaissance intérieure. On franchit un gué, un fleuve (que ce soit à la nage ou en bateau) ; on passe d'une rive à l'autre. On traverse un tunnel, une forêt obscure, on voyage dans la nuit. Mais, au bout de chacune de ces traversées, on trouve la lumière.
La traversée du tunnel peut avoir une connotation hautement sexuelle.

Tremblement de terre
Cela signifie un chambardement intense : il y a surgissement, révélation de passions sexuelles ordinairement réprimées. Toutes les forces obscures et refoulées se libèrent.

Triangle
Le triangle, dans la culture chrétienne, peut représenter la divinité (le Père en haut, le Fils et le Saint-Esprit). Il représente aussi le trois (voir ce mot).
En symbolique onirique, si le triangle est pointé vers le haut, il va être associé à l'idée d'organes sexuels masculins ; vers le bas, au pubis et aux organes féminins.

Trois
Ce chiffre symbolise, entre autres, les organes génitaux masculins.

U

Un
Ce chiffre représente un phallus en érection, mais il peut dénoter aussi bien des difficultés sexuelles.

V

Vache
Cet animal (voir ce mot) représente la maternité, la fécondité.
Dans un rêve, l'idée associée sera positive, mais il faut aussi se méfier du jeu de mots (car le rêve emploie ce genre de stratagèmes) qui couple le mot « vache » à « méchant », « injuste ».

Vague
Cela aura un rapport avec la mer, la tempête, le bateau (voir ces mots).
Si, dans son rêve, le rêveur ou la rêveuse parvient à vaincre des vagues violentes, cela signifiera qu'il ou elle réussit à surmonter des difficultés importantes. Si les vagues les emportent, c'est un signe d'instabilité, de fragilité.
Plonger dans les vagues, en éprouver du plaisir, est un rêve à connotation sexuelle.

Vallée

Comme tout ce qui est creux – ou en creux –, cela va représenter le sexe féminin à découvrir. Pour une rêveuse, il s'agira certainement de sa propre sexualité à expérimenter.

Véhicule

Qu'il s'agisse d'une automobile, d'une moto, d'un train ou d'un avion, soit le véhicule est piloté par le rêveur, soit le rêveur est passager. Cette position, active ou passive, permet de se rendre compte de la place que l'on occupe dans son rêve par rapport à son sentiment de position sociale.

Il faut aussi tenir compte de l'apparence du véhicule (sa carrosserie, sa marque – prestigieuse ou non), de l'utilisation des freins, de la panne d'essence éventuelle, du gonflement des pneus.

Cette apparence va aussi situer le rêveur dans son comportement au quotidien. Est-ce que le rêveur écrase quelqu'un ? Est-ce que l'avion vole ou tombe ? Est-ce que le rêve évoque un retard (surtout avec les trains ou les automobiles) ?

Autant de questions qui habillent le symbole souvent sexuel, phallique. En effet, avec un véhicule, on peut partir ou revenir, on peut transporter quelqu'un ou être transporté, on traverse les espaces, on conquiert le ciel, mais on peut aussi s'écraser, trouer ou percuter...

Vent

Souvent un symbole du masculin et particulièrement du père parce qu'il représente le souffle.

Verre

Le verre, comme la tasse (voir ce mot) représente le sexe féminin. Si le rêveur boit dans son rêve, c'est certainement une aspiration, un désir sexuel, puisque, entre autres, il y a un rapport avec la bouche (voir ce mot).

Dans le cas d'un verre brisé, si c'est une femme qui le brise, il s'agit de l'idée de rupture ou de jeu avec sa féminité. Il peut s'agir aussi du symbole de la virginité déflorée.

Le verre brisé apparaît dans le rituel des mariages juifs. Le *'hatan* casse avec le pied un verre posé sur le sol. Ce geste rappelle qu'aucune joie, même la plus grande des allégresses, ne peut être parfaite depuis la destruction du temple de Jérusalem (et d'autres destructions plus récentes). Certains affirment que c'est la dernière opportunité laissée au marié juif de « faire preuve d'autorité ».

La coutume de briser un verre en morceaux n'est pas seulement judaïque. En effet, elle était courante dans l'Allemagne chrétienne du Moyen Âge. Derrière ce rite, il y avait le désir d'anéantir les puissances démoniaques.

Veuve

On peut y voir une peur de la castration, de la perte.

Viande

La viande représente la force ; en manger peut représenter des penchants vers une grande sensualité. On peut y voir aussi la pulsion inconsciente, et refoulée, de prendre part à des activités charnelles, d'accéder aux « plaisirs de la chair ».

Vieillard

Sauf si le rêveur a rêvé à son propre grand-père, rêver de vieillard revient à ressentir la peur du déclin de la virilité.

Ville

Est-elle grande, impressionnante, très peuplée ? Ses rues sont-elles animées ? La fréquentation est-elle angoissante (c'est-à-dire les passants ont-ils une figure engageante ou inquiétante ?). Quoi qu'il en soit, il s'agit d'une représentation de la femme, et elle semblera accessible ou interdite selon l'éclairage des rues et leur fréquentation.

Vis

Voir « Écrous ».

Voler

Voir « Oiseau ».

Dans les rêves, voler signifie un désir de « monter dans les airs », c'est-à-dire un désir de sublimation : il y a le fait de « monter », c'est-à-dire d'accéder à un espace et une dimension supérieurs, et il y a « les airs », c'est-à-dire le grand espace, l'absolu. On retrouve aussi l'idée de voyage (avion, fusée), mais aussi d'oiseau, et de ce grand mythe humain incarné par Icare. Vouloir voler, c'est donc à la fois vouloir s'élever et désirer dépasser la réalité actuelle, avec ses difficultés et ses conflits. Il peut donc y avoir un rapport avec l'idée de fuite.

Attention, le rêve de vol montre aussi le danger de chute, puisque, comme Icare, nous ne sommes que des hommes.

Voir aussi « Voleur ».

Icare

Dans la mythologie grecque, Icare est le fils de l'architecte Dédale et d'une esclave crétoise, Naupacté.

Icare et Dédale cherchent à échapper à la vengeance de Minos qui poursuivait Dédale car ce dernier avait aidé Pasiphae à s'accoupler avec un taureau blanc (cette reine donna naissance au Minotaure, qui avait un corps d'homme et une tête de taureau).

Dédale, pour fuir la Crète, fabrique des ailes semblables à celles des oiseaux avec de la cire et des plumes. Il met cependant en garde son fils : il ne faut pas s'approcher trop près du soleil. Mais Icare, grisé par le vol, prend trop d'altitude. La cire de ses ailes finit par fondre et il meurt précipité dans la mer.

Voleur

Si l'on rêve que l'on se fait voler, c'est qu'il existe une peur de la violence en général ; celle-ci sera sexuelle si l'on se fait voler sous la menace d'une arme.

Un porte-monnaie est, pour Freud, un des symboles du sexe féminin. Ainsi, rêver d'un vol par l'intermédiaire d'un pickpocket peut renvoyer à l'idée d'un acte sexuel illicite. Il peut y avoir le fantasme, la tentation d'un adultère. Le cambrioleur peut symboliser la crainte du viol. Celui-ci ne sera pas forcément sexuel : cela peut être la crainte que quelqu'un accède à nos émotions intimes.

Voyage

Si le rêveur ou la rêveuse part en voyage, il y a de fortes chances que cela symbolise un désir de changer sa routine, de s'évader. Cela peut être la manifestation d'une lassitude ou d'une déception dans le couple et celle d'un désir d'avoir un rapport sexuel.

Y

Yeux

Des yeux sont braqués sur le rêveur ou la rêveuse. Cela met en évidence sa timidité, sauf dans les cas d'exhibitionnisme.

En général, le sujet n'aime pas qu'on l'observe. Le rêver indiquera donc un fort sentiment de culpabilité.

En revanche, avoir les yeux bandés ou être aveugle indique la peur d'être trompé ou floué.

Conclusion

Détour vers les primitifs

L'espèce humaine précède le groupe social. Le groupe social précède l'individu. Dans les sociétés primitives, il est clair que le rêve appartient d'abord au groupe et produit fondamentalement de la culture.

Le primitif n'éprouve pas la réalité comme quelque chose de donné. Les sociétés chamaniques sont les moins assurées de leur présence au monde et elles pensent que la réalité est un produit du rêve de leurs ancêtres ou/et de leurs dieux. Le rêve ordonne le passé et décide de l'avenir. Par exemple, chez les Mohaves, chaque maladie existante a été rêvée au moment de la Création. Toute maladie d'aujourd'hui n'est par conséquent qu'une réalisation de la prophétie initiale.

En mélangeant passé et futur, le rêve primitif se révèle comme l'expression d'une histoire collective toujours renouvelée. Il s'agit de l'invention d'un monde imagé, un monde spirituel parallèle et aussi marquant que le nôtre. Nous nommons cela « l'Ailleurs » ; les primitifs l'appellent « le Monde autre ». La plupart des Amérindiens étaient extrêmement attentifs à leurs rêves parce qu'ils voulaient fournir à l'âme ce qu'elle leur demandait. Il était donc primordial de suivre ses rêves et ses visions afin de maintenir l'équilibre et l'harmonie. Ainsi, lorsqu'un Huron disait à un autre : « J'ai rêvé que tu me donnais un canoë », l'interlocuteur n'avait d'autre choix que d'acquiescer à la demande.

Voici, par exemple, les principes du chamanisme, qui montrent bien la force de ces convictions :

1. Le monde est ce que vous croyez qu'il est.
Tout n'est que rêve, tous les systèmes sont arbitraires.

2. Il n'existe pas de limites.
Tout est relié, tout est possible, relié mais autonome.

3. L'énergie circule là où vous concentrez votre attention.
Tout est énergie.

4. Maintenant est le moment de pouvoir.
Tout est relatif, le pouvoir augmente avec l'attention des sens.

5. Aimer implique d'être satisfait avec l'amour.
L'amour augmente à mesure que nous cessons de juger.
Tout est vivant, conscient et sensible.

6. Tout pouvoir provient de l'intérieur.
Tout a du pouvoir, le pouvoir provient de l'autorité.

7. L'efficacité est la mesure de la vérité.
Il existe toujours une autre façon de faire les choses.

La magie primitive fait partie de la structure sociale primordiale et permet à la fois de constituer une réalité (objective et sociale, constituée par les autres) et un imaginaire personnel. C'est dans cette perspective que la plupart des sociétés reconnaissent deux composantes principales à la personne humaine : le corps et l'âme.

Claude Lévi-Strauss a écrit que « l'efficacité de la magie implique la croyance en la magie ». Cette phrase ne cible pas la capacité de s'illusionner, c'est-à-dire de chercher le mensonge, l'oubli ou le rêve dans la magie, mais la capacité de réaliser ce qui est considéré a priori comme objectivement impossible. Cela suppose une conviction morale, parfois inconsciente et menée par des rituels, qui s'exprimerait par un *je dois donc je peux.*

Un psychothérapeute n'est efficace que si le patient croit en ses méthodes : ce type de médecine est nécessairement personnalisée. Comme pour un praticien de médecines parallèles, toute thérapie prenant le rêve pour origine est de l'ordre du rituel. Comme le constate Lévi-Strauss, l'histoire de Quesalid montre qu'il n'était pas devenu un grand sorcier parce qu'il guérissait les malades, mais qu'il guérissait ses malades parce qu'il était devenu un grand sorcier.

C'est en fait l'histoire de tous les psychothérapeutes.

L'histoire de Quesalid

Celui qui se fit grande réputation de sorcier alors que rien ne semblait le prédisposer à cet art.

Le nommé Quesalid, indigène de l'île de Vancouver, au Canada, considérait que les pratiques des chamans étaient probablement des manipulations visant à tromper le public trop naïf. Il se mit à fréquenter ces « imposteurs » pour les démystifier.

Un chaman lui proposa de recevoir l'initiation. Ainsi Quesalid apprit-il cet art qui va du médical au chant magique. Le chaman acquit une technique : il s'agissait de dissimuler dans sa bouche une petite touffe de duvet qu'il devait recracher ensanglantée après s'être mordu la langue, tout en ayant effectué certaines manipulations sur le malade. Ensuite, il devait montrer au patient et à l'assistance ce qui était supposé représenter la maladie, expulsée par ses soins. L'assistance ignorait bien sûr la véritable nature de la substance ainsi expulsée.

L'initiation de Quesalid fut connue. Un malade rêva alors que Quesalid serait son thérapeute et le convoqua. Quesalid connut un succès éclatant dans ce premier traitement et, dès lors, plus personne ne douta qu'il était devenu un grand chaman.

Quesalid ne perdit pas son esprit critique à l'égard du chamanisme, mais il fut convoqué à une réunion secrète, dans une grotte, où les autres chamans lui expliquèrent leur conception de la nature du mal et leur technique : il faut capter l'âme de la maladie pour la faire mourir.

De retour dans sa tribu, alors que sa réputation allait grandissant, il dut relever un défi lancé par un chaman voisin. Il triompha. Quesalid était devenu un bon chaman, toujours sceptique sur l'authenticité des pratiques du chamanisme.

De la volonté

L'être humain est un ensemble psychosomatique. C'est pourquoi, à côté des bio-médecins et des psychothérapeutes, on trouve des praticiens qui désirent soigner ensemble le corps et l'esprit des patients (thérapies animistes), ou bien agir sur le corps à partir de l'esprit (médecines parallèles), ou, au contraire, agir sur l'esprit à partir du corps (psychiatrie biologique).

Désirer agir sur l'esprit, c'est nécessairement plonger dans l'imaginaire, c'est-à-dire dans un domaine immense et flou, tiré du réel et symbolique. Qu'on se souvienne de ce poème de Charles Baudelaire :

La nature est un temple où de vivants piliers
Laissent parfois sortir de confuses paroles ;
L'homme y passe à travers des forêts de symboles
Qui l'observent avec des regards familiers.

Comme de longs échos qui de loin se confondent
Dans une ténébreuse et profonde unité,
Vaste comme la nuit et comme la clarté,
Les parfums, les couleurs et les sons se répondent [...]

On peut tout à fait interpréter les rêves, et les rêves de sexualité, mais cela nécessite une volonté et un peu d'apprentissage car il faut savoir saisir comment le rêve fonctionne. Les psychanalystes vous affirmeront qu'on le fait mieux lorsqu'on est en analyse, parce que le fonctionnement de l'inconscient s'y manifeste mieux et qu'on apprend à s'en servir.

Ainsi, même si les dictionnaires des rêves relèvent des symboles qui sembleraient communs à tous les rêveurs, chacun, en fait, élabore son propre langage.

On peut donc repérer des généralités comme dans ce dictionnaire, mais il est toujours plus rationnel d'élaborer sa propre recherche en fonction de ses propres ressentis, de son propre vocabulaire, de son expérience intime la plus profonde. Chaque détail compte et va jouer comme un *jeu de mots* personnel.

Analyse des rêves : principes

– Les rêves n'ont qu'un seul sujet : « Moi, je et moi-même ». En effet, les rêvent ne peuvent nous parler que de ce que nous pensons, de ce que nous percevons, de ce que nous ressentons. Ils se créent autour de nos qualités, de nos forces, de nos difficultés. Tout rêve est une confrontation avec soi-même. On peut en recenser trois types, qui nous disent :
– voici ce qui se passe actuellement en vous ;
– voici ce que vous êtes réellement au fond de vous ;
– voici ce qui va se passer étant donné les circonstances actuelles.
Le seul être qui peut être capable de déchiffrer le sens d'un rêve est le rêveur lui-même. Personne ne doit imposer des significations à autrui.
Il faut absolument et impérativement tenir compte uniquement des perceptions et associations de la personne qui a fait le rêve. C'est la seule clé possible.
C'est en analysant ses rêves qu'on finit par découvrir ses propres clés.

– Nos rêves nous parlent essentiellement de notre présent et de notre passé (de ce qui a été oublié et refoulé).

– L'analyse des rêves est affaire de logique. Pour commencer votre analyse de rêves, il faut d'abord vous demander ce que telle chose est réellement pour vous et à quoi elle sert. Ensuite, seulement, si la chose ne vous dit rien en tant que telle, vous pouvez passer à un plan symbolique et chercher à quoi vous associez cet élément.

– Il faut examiner tous – tous – les détails du rêve. Sachez que rien n'est donné en vain. Le détail le plus infime en apparence veut dire, c'est-à-dire « transmettre », quelque chose.

– La signification d'un rêve se trouve dans sa (re)formulation, qu'elle soit écrite ou verbale. En outre, il est nécessaire d'associer ce que l'on pense en même temps qu'on le raconte. Tout cela va prendre sa place en mots, en phrases. Plus on formulera, plus on aura d'indices pour comprendre.

ANNEXE

Fiche de rêve

– N° :

– Date :

– Heure de rèveil :

– Période du rêve (si sentie comme différente de l'heure de réveil) :

– Longueur du rêve :
Bref/long/très long

– Récit du rêve (à la sortie du rêve, par exemple en pleine nuit) :

– Récit du rêve (au moment où je me mets à rédiger la fiche) :

– Sentiment(s) lié(s) au rêve :
Agréable/désagréable/neutre/angoissant/érotisé/autre

– Soulignement/rappel des mots clés :

– Association d'idées :

Vos rêves parlent de votre sexualité

– Qu'évoquent ces mots clés…

… dans ma réalité ?

… symboliquement, à quoi les rattacherais-je ?

– Qu'évoquent ces sensations ?

– Rapports avec…

… mon actualité ?

… mon passé ?

– mon enfance ?

– mon passé d'adulte ?

– Ai-je déjà rêvé sur ce thème ?

– Ai-je déjà rêvé de ces personnes ?

– Ai-je déjà associé ces symboles ? Avec quoi ?

– Autres :

(Par exemple, puis-je ajouter des éléments de rêve qui me sont revenus à la mémoire pendant ce travail de fiche ?)

Bibliographie

Ouvrages généraux

ALEXANDRIAN Sarane, *Le Surréalisme et le Rêve*, Gallimard
CAILLOIS Roger, *Le Rêve et les sociétés humaines*, Gallimard
COLLECTIF, *Encyclopédie des symboles*, La Pochotèque
DACO Pierre, *L'Interprétation des rêves*, Marabout
DUNETON Claude, *La Puce à l'oreille*, Le Livre de Poche
FOUCAULT Michel, *Histoire de la sexualité*, Gallimard
—, *Le Souci de soi. Histoire de la sexualité*, Gallimard
GRATTON Nicole, *Rêves et spiritualité*, Le Dauphin Blanc
KLEIN Mélanie, « Les stades précoces du conflit œdipien », in *Essais de psychanalyse*, Payot
—, *Le Complexe d'Œdipe*, Payot-Poche
LE GOFF Jacques, *Le Christianisme et les rêves. L'imaginaire médiéval*, Gallimard
LÉVI-STRAUSS Claude, *Paroles données*, Plon
LÉVY-BRUHL Lucien, *La Mythologie primitive*, Alcan
MANNONI Octave, *La Psychanalyse*, Le Seuil
PERRIN Michel, *Les Praticiens du rêve. Un exemple de chamanisme*, PUF
ROBERT Marthe, *La Révolution psychanalytique*, Payot
ROMEY Georges, *Les Rêves et leurs symboles*, EPA
ROUDINESCO Élisabeth, *Histoire de la psychanalyse en France*, Le Seuil
SALLMANN Jean-Michel (dir.), *Visions indiennes, visions baroques : les métissages de l'inconscient*, PUF
SOUZENELLE Annick de, *Œdipe intérieur*, Albin Michel
VERNANT Jean-Pierre, « Œdipe sans complexe », in *Mythe et tragédie en Grèce ancienne*, en collaboration avec Pierre Vidal-Naquet, La Découverte

De et sur Freud

FREUD Sigmund, *L'Interprétation des rêves*, PUF
—, *Totem et Tabou*, Gallimard
—, *Sur le rêve*, Gallimard, coll. « Folio »
—, *Psychopathologie de la vie quotidienne*, Payot
—, *Trois Essais sur la théorie sexuelle*, Gallimard, coll. « Folio »
—, *Le Mot d'esprit et sa relation à l'inconscient*, Payot
—, *Cinq Leçons sur la psychanalyse*, Payot
—, *L'Homme aux loups*, PUF
—, *Introduction à la psychanalyse*, Payot

ANDREAS-SALOMÉ Lou, Freud, *Correspondance 1912-1936*, Gallimard
BOUVERESSE Renée, *Les Critiques de la psychanalyse*, PUF, « Que sais-je ? »
DEBRAY-RITZEN Pierre, *La Psychanalyse, cette imposture*, Albin Michel
DELEUZE Gilles, Félix Guattari, *L'Anti-Œdipe*, Minuit
JUNG Carl Gustav, Freud, *Correspondance 1906-1914*, Gallimard
MEYER Catherine (dir.), *Le Livre noir de la psychanalyse : Vivre, penser et aller mieux sans Freud*, Les Arènes, collection « Documents »
POMMIER René, *Sigmund est fou et Freud a tout faux. Remarques sur la théorie freudienne du rêve*, De Fallois
PRAGIER Georges, Faure-Pragier Sylvie, *Repenser la psychanalyse avec les sciences*, PUF
ROLLAND Romain, Freud, *Correspondance 1923-1936*, PUF
ZWEIG Stefan, Freud, *Correspondance*, Rivages

De et sur Carl Gustav Jung

JUNG Carl Gustav, *C. G. Jung parle*, Buchet-Chastel
—, *Dialectique du moi et de l'inconscient*, Gallimard, coll. « Folio »
—, *Essai d'exploration de l'inconscient*, Gallimard, coll. « Folio »
—, *Essais sur la symbolique de l'esprit*, Albin Michel
—, *Introduction à l'essence de la mythologie*, Payot
—, *L'Âme et la vie*, Livre de Poche

—, *L'Âme et le soi, renaissance et individuation,* Albin Michel
—, *L'Énergétique psychique,* Livre de Poche
—, *L'Homme à la découverte de son âme,* Albin Michel
—, *L'Homme et ses symboles,* Robert Laffont
—, *La Vie symbolique : psychologie et vie religieuse,* Albin Michel
—, *Le Fripon divin* (Radin/Kerényi/Jung), Georg
—, *Métamorphoses de l'âme et ses symboles,* Livre de Poche
—, *Les Racines de la conscience,* Livre de Poche
—, *Ma vie* (souvenirs, rêves et pensées recueillis par Aniéla Jaffé), Gallimard, coll. « Folio »
—, *Psychologie de l'inconscient,* Livre de Poche
—, *Psychologie et alchimie,* Buchet-Chastel
—, *Psychologie et éducation,* Buchet-Chastel
—, *Psychologie et religion,* Buchet-Chastel
—, *Sur l'interprétation des rêves,* Livre de Poche

DONN Linda, *Freud et Jung : De l'amitié à la rupture,* PUF
FORDHAM Frieda, *Introduction à la psychologie de Jung,* Payot
GAILLARD Christian, *Jung,* PUF, coll. « Que sais-je ? »
HANNAH Barbara, *Jung, sa vie et son œuvre : une biographie d'après les souvenirs,* Dervy
HUMBERT Élie, *Jung,* Hachette
SÉDILLOT Carole, *ABC de la psychologie jungienne,* Grancher

DE ET SUR JACQUES LACAN

LACAN Jacques, *Écrits,* Le Seuil

ARRIVÉ Michel, *Langage et psychanalyse,* linguistique et inconscient, PUF, coll. « Linguistique nouvelle »
BORCH-JACOBSEN Mikkel, *Lacan, le maître absolu,* Flammarion
COLLECTIF, *Lacan,* sous la direction de Jean-Michel Rabaté, Bayard, coll. « Les compagnons philosophiques »
COLLECTIF, *Quartier Lacan,* témoignages sur Jacques Lacan, Denoël, coll. « L'Espace analytique »

COSTES Alain, *Lacan, le fourvoiement linguistique : la métaphore introuvable*, PUF
DIATKINE Gilbert, *Jacques Lacan*, PUF, coll. « Psychanalystes d'aujourd'hui »
DOR Joël, *Introduction à la lecture de Lacan : 1. L'inconscient structuré comme un langage. 2. La structure du sujet*, Denoël
LACAN Sybille, *Un père : puzzle*, Gallimard
ROUDINESCO Élisabeth, *Jacques Lacan : esquisse d'une vie, histoire d'un système de pensée*, Fayard
SOKAL Alan et BRICMONT Jean, *Impostures intellectuelles*, Odile Jacob

Sur le chamanisme

ANSA Luis et GOUGAUD Henri, *Le Secret de l'aigle*, Albin Michel
CASTANEDA Carlos, *Voir. Les enseignements d'un sorcier yaqui*, Gallimard, coll. « Folio »
—, *L'Herbe du diable et la petite fumée*, 10/18
CHANCEL Stéphanie, *Grand Livre du chamanisme, origines, rites et coutumes*, Éditions Exclusif
COLLECTIF, *Chamanisme et Psychothérapie*, Albin Michel
COSTA Jean-Patrick, *Les Chamans, hier et aujourd'hui*, Alphée
ELIADE Mircea *Le Chamanisme et les techniques archaïques de l'extase*, Payot
PERRIN Michel, *Les Praticiens du rêve. Un exemple de chamanisme*, PUF
SOMBRUN Corine, *Journal d'une apprentie chamane*, Pocket

Table des matières

Cet ouvrage a été imprimé en France par
CPI Bussière
à Saint-Amand-Montrond (Cher)
en novembre 2008
N° d'édition : 10359. — N° d'impression : 083202/1.
Dépôt légal : novembre 2008.